中公新書 2118

池内 紀著

今夜もひとり居酒屋

中央公論新社刊

はじめに――居酒屋開眼

居酒屋に人一倍したしむようになったのは、「二合半のおじさん」のせいである。三十代初めに出くわして三十年ちかくつき合った。そしていろんなことをおそわった。

東京の郊外町に引っ越してきて数日後のこと。新しい町にやってきた人がよくするように、駅を起点にあちこち歩きまわった。この手の町のおさだまりだが、駅のま向かいがスーパー、つづいて少々わびしげな商店街がつづいている。

店の並びがつきかけた角から二軒目。戸口の行灯《あんどん》が目にとまった。それはまさに時代劇か歌舞伎の舞台で見かけるのと同じ行灯だった。午後まだ早いころで、むろん灯は入っていない。近づいてよく見ると墨で「二合半」と書かれていた。

木戸が閉まっている。これも時代劇や歌舞伎に見るのと同様の黒い板づくりで、引くとガタピシと音を立てるやつ。

夜を待って出かけていった。行灯に灯が入り、ポッとだいだい色に染まっていた。暗闇に一点、浮かんだぐあいだ。昼間と同じ角なのに、まるきりちがうところに思えた。

木戸のすきまから明かりが洩《も》れていた。縄のれんが下がっていて、営業中のしるし。左に引くと、やはりガタピシと音を立てた。明かりはあるが中は薄暗く、踏みこんだとたん、なにやら硬いものを蹴とばした。

「イテテテ！」

手さぐりしてわかったが、ふとい丸太の切り株である。使いこんでツルツルしており、店にとっては椅子《いす》であるが、初めての者には丸太の切り株にすぎない。すぐに察知して腰を下ろしてからも、しばらくつま先の痛みをこらえていた。

そんなことまでありありと覚えているのは、それだけ印象深かったせいだろう。小さな逆L字型のカウンターで切り株が六つ。つまり六人で満員。痩《や》せて背の高いおやじと、同じく痩せて面長のおかみさんが、キョトンとした顔でこちらを見ている。「いらっしゃい」とも言わないし、切り株に用心といったこともべつに言わない。うしろの棚に古い一升徳利や五升徳利が、これも押し黙ったように並んでいた。

「へー、どうぞ」

おやじがやっと口をきいて扇子《せんす》を差し出した。ひらくと品書きになっていて、湯豆腐三五〇文、おでん三〇〇文、シラスおろし一七〇文などと並んでいる。店のつくりと同じように値段も江戸にもどしてあった。

酒は山形の初孫《はつまご》。「二合半」は「こなから」と読む。辞書にあるとおり一升の半分のその半分の二合五勺《しゃく》、酒量にからめてほどよく飲むべしの教訓がこめてある。だからといって二合半で打ち切りというのではない。主人が手ずから役者のように形よくついでくれる。初孫からサントリーに移ってもいい。おやじによると、ウィスキーは角《かく》がよろしい。グラスにそそぐ手つきが、年季の入ったバーテンさんのようにあざやかだった。

こちらが黙っていると、相手も黙っている。おかみさんはとりわけ無口のようで、おやじが話している間も、小さくうなずくだけ。そのうち木戸がきしんで顔がのぞいた。

「あいすみません、本日は早じまいといたしますので――」

やっと二人目の客だというのに、すげなくおことわり。すでによそで酒が入っている人は立ち入らせない。

へんくつだが、心をひらいた者には、こよなくやさしい。三十年もつき合うと、どんな人生を送ってきた人だか、しだいにわかってくるはずだろうに、いつまでも謎《なぞ》だった。若いころ北海道にいたらしいこと、おかみさんが姉さん女房であること、歴史小説が好きだということ、それはわかった。ヘンなものを持っていることは、実物によって知った。

いつだったか「貸坐敷遊客人名簿」というのを二階から持ち出してきた。昔の色街で使われたもので、「娼妓《しょうぎ》各人ガ携帯シ、客人ノ住所氏名年齢容貌《ようぼう》衣類等ヲ詳細ニ記載スベシ」。警察の検印がおしてあった。何十年も前の朱印なのに昨日おしたような鮮度をもっていた。「娼妓」の欄に「小藤」とあった。台帳の右下の隅がほつれているのは、夜ごとにそこをつまんでひらいたせいだろう。

「ずいぶんくわしいですね」

容貌のところだけでも顔、鼻、眼、眉毛《まゆげ》、口、耳、頭、徴験《ちょうけん》とつづく。最後の一つはイボとかアザにあたるらしかった。

「午後八時十五分上り　午前六時廿分帰り」

おおかたが夜にきて早朝に帰っていく。ところどころ全欄が「ゝ」なのは居つづけの客だろう。

「ヘェー、はじめて見たなァ！」

おもわず声を上げた。二枚合わせの和紙がいぶしたように黄ばんでいた。胸苦しい気がしたのは、朽ちかけた紙の匂《にお》いとともに、記述のナマナマしさのせいもあった。

「年五十六、丈低、肉太、顔丸、鼻低、眼小……」

デップリ肥《ふと》った中年男にちがいない。欲情ぶりがうかがえる。おつぎは年三十五のあと、

「丈中、肉中、顔中、色中、鼻中」とすべて中。

「特徴のない男だったのかナ」

「二合半」の主人によると、女にとってはわずらわしいだけの義務であって、めんどうなときは「中」で処理した。

「仕事が終わるとやるせないだけですからネ」

「ナルホド」

わかったように相槌《あいづち》を打ったが、「やるせないだけ」の気もちが呑みこめたわけではない。

客の氏名欄には住所と名前が記してあるが、「大半がデタラメ」だという。たしかにめくっ

ていくと山中菊之介だの、中村弁天などとあった。山田正などは、ありそうな、しかしウソくさい名前である。

それにしても主人はどこでこれを手に入れたのだろう？　たずねたが口をにごした。おかみさんはいつも主人を「おじさん」と呼んでいたが、「おじさんは顔がひろいの」とだけ言った。笑いを噛《か》み殺しているような口元だった。

べつのときだが、トランプ大の紙袋を見せてくれた。表は色刷りの絵になっていて、まん丸い月が中空にかかり、遠くの山が薄墨色。二階の手すりに使ったあとらしい手拭《てぬぐ》いがかかっていて、廊下にスリッパが二足。一つは内股風にぬいであり、もう一つは外びらきでのこされている。お月さまの右手に「遠出」と黒い書き文字。こちらはモノクロで、そのうちの三袋をあけると、カルタほどの小袋が五枚出てきた。

は日本髪に裸身の女性。男は後頭部が見えるのみ。

イ、お月様だコト

熱くない事

イ、心持だわ

さしこむかげ

雲間かくれ

小袋のウラそれぞれに一行あて、女書きのような細い文字が刷りこんであった。男が湯につかっているところへ日本髪がしのんできて、窓から月をながめつついっしょに入浴、これが「イ、お月様だコト」。「雲間かくれ」は月と人とがかさねてあるらしく、かさなり合った二組の素足だけが隅からのびている。

主人によると、昔の旦那《だんな》衆が芸者遊びのとき、小袋に銅貨を入れて女たちに配ったもの。一つずつだとわからないが、五枚そろうと経過が判明する。いまの言葉だと、いっせいに「エッチー！」の声が上がるところだ。出所を問うたが、このときも口をにごした。

六つの席がそっくり埋まることは一度もなかったが、三つ、四つはよくあった。なじみ客だが、客同士が話すなどはあまりなかった。おかみさんはおでんとおカンの番。主人が包丁をにぎるわけだが、包丁そのものはめったに手にせず、大根おろしにシラスかイリコをまぜたり、目刺し、タタミいわしを焼いたりがせいぜいで、ほかにひじき、納豆ネギ。あくまで酒のあてにとどまる。

知り合って二十年あまりたったころ、「行きつけの店」という雑誌のグラビア出演をたのまれた。写真に小文がつく。おやじがイヤがらないか心配で、さきにお伺いをたてると、こころよく承知した。

「わたしどもでよければ」

「『文藝春秋』というんだけど」

よく知られた雑誌だから、少しは宣伝になるかもしれないと言うと、「さあ、どうでしょうか」とそっけない。

カメラマンが下見にきて、店の暗さに頭をかかえた。それでも出来上がった写真には、ちょっぴりテレたような店の二人と、たまたま同席した客三人が写っていた。雑誌が出てしばらくは、何人かの人がやってきたが、すべてお引き取りいただいたそうだ。

「みなさん、一度かぎりでしょうから」

主人の頭髪と眉毛がまっ白になり、長い顔が威厳を増した。おかみさんは年をとるにつれて、なんともいえないイロ気が出てきた。どうしてイロ気と思えるのかは不明ながら、やはりイロ気というしかないけはいだった。

ある日、そろそろ店をたたむと言った。客の入りからではない。「ひとさまのお相手」をするのが大儀になった。言葉はもっとやわらかだったが、ほぼそんな意味に私は受け取った。トシとともに階段の上がり下りが大儀になる。それと似た心もちではなかろうか。

「ハイ、形見分け」

新聞紙に包んであった。閉める日は「ちかぢか」としか言わなかった。こちらも強いて問わなかった。

家にもどって包みをひらくと、「貸坐敷遊客人名簿」と「遠出」が出てきた。目にしたときの反応ぶりを覚えていて、二合半コレクションから選んだようだ。数日後の夜に出かけると、行灯が外され、歯が抜けたように見えた。無言のサインだと考えて、そのままそっと引き返した。

今夜もひとり居酒屋　目次

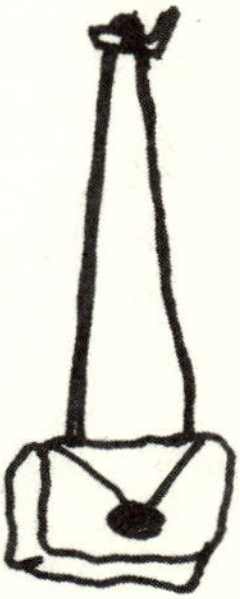

今夜もひとり居酒屋

I　居酒屋への道

巷の聖域

ふつう飲み屋という。「飲み屋に寄っていく」と、こんなぐあいだ。店名をあげるときもある。「ハシモトさんに寄ってきた」。

親しげな言い方だが、べつに知人でも親戚でもない。しかし、知人や親戚以上に親身なつき合いをしてきた。知人が病気と聞いても「あ、そう」ですませるが、ハシモトさんは人ごとではない。元気でいてもらわなくては困るのだ。

親しいといっても、毎日のように顔を合わせるわけではない。ひと月に一、二度。どうかすると数ヵ月ごぶさたしたりもするが、「おひさしぶり」のひとことで、ただちに元どおり。

つき合いがいつ始まったのか、たいていの場合、双方ともよく覚えていない。なんとなく始まり、そのうちなんとなく親しみが増して、以後ずっとほどのいいレベルでとまっている、そんな感じ。

業種でいえば「居酒屋」というのにあたるのだろうが、営業者自身はしばしば業種目を掲げていない。ことによると居酒屋とされることをよろこんでいないのかもしれない。そのせいか店名だけ掲げたり、「大衆割烹《かっぽう》」と称したり、「小料理」ののれんを下げたり、さまざまである。

店名のアタマにきちんと「居酒屋」とうたったところもある。わざわざ標示するのは、それだけ居酒屋的特性を自覚してのことと思われるが、自覚して強調するぶん、肩肘《かたひじ》張ったぐあいで、そのため本来の居酒屋から遠ざかるといったケースも生じてくるようだ。

それにはっきり「居酒屋」とうたってあると、なぜか頭にバンダナを巻き、鼻ヒゲをはやした背の高いお兄さんを連想する。「小料理」とくると、和服に薄化粧のおばさんが思いうかぶが、「割烹」となると同じ和服の女性でもがらりとさま変わりして、やにわに着物が高価になり、おばさん性が急速に薄れていく。ところがそこに「大衆」が加わると、またもやおばさんに立ち戻る。

つまり、居酒屋はこのように、きわめて多様性をおびた業界なのだ。そもそも存在の場所からして、一筋縄でいかないだろう。ありそうなところにあるとはかぎらず、予期しなかったところで対面したりする。ありそうなところにズラリと軒を並べていても、それぞれが個性を主張する結果、どの店も居酒屋性からはみ出したふうになって、その結果、よりどり見どりなのに、わけもなく往きつ戻りつするはめに陥るものだ。

「ありそうなところ」とは、どのようなところであるか？　さしあたり消去法でいくとして、駅前大通りとか、デパート正面とか、バスセンター横などは、「ありそうにないところ」の筆頭であって、この辺りはまず除外する。商店街、文教地区、住宅地も同様。またグラウンドや公共施設やスーパー周辺といったところもオミットする——となると、ありそうなところがなくなりそうだが、むろんそんなことはない。町にはきっと右のいずれでもなくて、どのようにも分類しにくいところ、強いていえば「その他」にあたる雑種地区があるもので、居酒屋は好んでそのエリアに店を出している。

客商売であれば足の便がよく、人通りの賑《にぎ》やかな界隈《かいわい》を思いがちだが、こと居酒屋に関しては必ずしもそうとはかぎらない。居酒屋の特性とも関係していて、足の便がよすぎると人は通り過ぎるばかりだし、人出の集中する繁華街は、えてして明るすぎるし賑やかすぎる。

それというのも居酒屋には一抹の暗さ、少々のさびしさが必要なのだ。けっこう微妙な陰影であって、暗すぎたり、さびしすぎてもいけない。適当に薄暗く、わびしくない程度のさびしさ。店舗にしても新築早々とか、あまりに老朽化したのはおのずと敬遠される。前者は陰がなさすぎるし、後者は陰がありすぎる。

営業者側がさして居酒屋でありたがらない一方で、お客側は業種をこえて居酒屋を見つけたがるようだ。営業種目としてはソバ屋、テンプラ屋、トンカツ屋、ウナギ屋であれ、それを恰好《かっこう》の居酒屋として活用しているといったケースが少なくない。気分としても居酒屋的に訪れ、実際に居酒屋として利用しているわけだから、おのずと店の主要品目であるソバ、テンプラ、トンカツ、ウナギではなく、それはしめくくりに取っておいて、メニューの添え物を主眼にやってくる。いくつか添え物を組み合わせるなかで居酒屋性を堪能《たんのう》し、主要品目に至りつく前に出来上がってしまい、そのためソバ屋に通ってソバを知らず、テンプラ屋のテンプラを一度も食べないで十数年になったり、ウナギ屋にいて自分がウナギ屋にいる自覚がなく、あくまでも居酒屋的にふるまっていることが珍しくない。

またその種の居酒屋性をもったソバ屋、テンプラ屋、トンカツ屋、ウナギ屋にしても、店主としては専門一本槍《いっぽんやり》で商売が成り立つとは思っていなくて、居酒屋的品目をそろえ、こころならずも居酒屋的雰囲気につとめており、看板はどうあれ、まさに居酒屋としてぴったりのソバ屋、テンプラ屋、トンカツ屋、ウナギ屋が少なくないのである。

「赤提灯《あかちょうちん》」や「縄のれん」が居酒屋の別称とされるのは、店の標示に多くこの二つの小道具が使われるせいだが、はたしてそれだけだろうか？　ただの提灯ではなく「赤」がつき、のれんに加えて「縄」がつくのは、しかるべき意味を秘めてのことではあるまいか。

夜の営業であって、提灯に明かりがともる。標示としてはそれで足りるのに、たいていが火のように赤い提灯である。おのずと火を暗示していて、あたたかく燃えているもの。だからして浮き世の虫が誘蛾灯《ゆうがとう》に惹《ひ》かれるように寄ってくる。

赤はまた祭り提灯の赤にも通じていて、心を浮き立たせてくれる。ためしに無地の提灯を思いえがくと、ついお弔いを連想しないだろうか。やはり赤がよろしいようで、それは訪問者が退出するときの陽気な顔の色をも予告している。

縄のれんは、さらに微妙な効用をおびているだろう。のれんは役割としては目隠し用だが、それは布の場合であって、縄のれんはその名のとおり縄状をしたのが垂れているだけで、目隠しとしてはいささか不備がある。まさにその不備さかげんが大切であって、隠しつつ隠さず、隠してなおかつそっとのぞかせる、いたって玄妙な装置なのだ。

かつまた素材の「縄」がタダものではない。おもうに縄のれんはしめ縄の変形、そして進化したものではあるまいか。しめ縄はもともとケガレモノを近づけないために、まわりに張りめぐらしたのだろう。本来はそのための縄だが、区域が広いと、そっくりめぐらすわけにいかない。そこで入口や、正面にぶら下げて代表させたと考えられる。

それは神の領分を意味しており、清らかな区域を示す張り縄である。神のいますところ、そこに縄を下げて俗界と区別する。

そういえば正月は神を祀《まつ》るのにもっともふさわしい時節であって、新しくしめ縄がつくられ、旧のものと取り替えられた。古くは正月のしめ縄を「年縄」と名づけ、とりわけ尊んだようである。旧暦十二月二十五日から正月十五日までを「しめのうち」とよぶところもあるそうだが、「松の内」よりもずっと的確に聖週間を伝えているのではなかろうか。

そんな目で縄のれんを見ていくと、いろんな発見をするものだ。竹製が多いが軸になる棒に、縄のひもが下がっている。一見それだけのようだが、注意してながめると、基本形がヴァリエーションをとっており、おおよそ三通りに分類できるようだ。

A　細くて長いもの

B　下の先っぽが丸まっているもの

C　縄に模様や店名が染めつけてあるもの

Aの場合、あまり長いと、かき分けるとき体にまとわりついてきたりする。Bの場合は先端に竹やビーダマ状の飾りがついているのもある。Cは手がこんでいて、おとなしく下がっているときは看板代わりになり、客が首を入れると、にわかにデザインが変化する。

形はちがっていても、しめ縄の役まわりと同じであって、こちらは巷《ちまた》のひそかな聖域を示している。しめ縄の場合、かつては年男が精進し、体をきよめ、つつしみをこめて入口に掲げた。居酒屋も同様であって、用意万端ととのえたのち、仕上げの聖務として亭主なりおかみが、きよめの盛り塩とともに持ち出してくる。そんなときの敬虔《けいけん》とでもいいたいような表情に気づかれたことはないだろうか。少なくとも客に見せるのとは別人のような顔をしているものである。

世の中には意地の悪い考え方の人がいるもので、以上ここに述べてきたことすべてを資金面から説明する。表通りから曲がって一つ目か二つ目といった場所は店賃《たなちん》が安いからであって、小体《こてい》なつくりはおやじが包丁をにぎり、おかみが「あいよ」と小皿を出すようなシステムによるもので、それというのも人をやとえず、人件費不要の商いのせいであり、赤提灯や縄のれんは安価かつモチがいいから——というのだが、たとえ正しくとも浅薄な考えといわなくてはならない。

冬の日は暮れるのが早い。血のように赤々とした夕陽がビルを染めていた。つづいてみるまに暗くなる。はな水が垂れるような冬空の下、なじみの店をめざして歩いているとき、たしかにこの身は聖域を求める人にも似た一つの姿勢をとっている。

安くて、旨《うま》くて、気軽に入れる教会である。

「やあ、どうも」

「いらっしゃい」

冷えた手で顔を撫《な》でまわす。そのうち体があたたまり、空腹がいやされ、水ばなもとまっている。

人生の夜学

どの町にも居酒屋エリアにあたるところがある。ほぼ町の規模に応じており、たとえば人口五万の都市と五十万の都市とでは、居酒屋エリアにも一〇倍のひらきがある。どうしてきちんとそんなふうになるのかはわからないが、人間の生理がつくりだす、きわめて人間的なデータというものだ。

東京、大阪、名古屋はもとより、北の札幌、南の博多、さらに仙台、広島……。大通りから折れこむと、小路がこまかくタテヨコに走り、そこを埋めつくして食べる店、飲む店、イロよい遊びのからんだ店。中国人なら方角を入れて「城北酒家万八千」などと言うのではあるまいか。

居酒屋に用のない人は、きっと思うにちがいない。こんなにひしめき合っているなかで、はたしてお目当てのところに行きつけるのか。心配性の人はまた考える。こんなに無数のライバルに囲まれていて、はたして店をやっていけるのか？　どうやって特色を出すのだろう？

先の問いには、すぐ答えられる。どんなに複雑に道が入りくんでいても、酒呑みは決して道をちがえない。たしかに行きつくに先だち、多少はとりちがえをしたりする。

「あれれ……？」

立ちどまって周りを見まわす。曲がるべき角を、うっかりして通りこした。そんな気がしてたしかめると、そうではなく、角にあった昔ながらの染物屋が店を閉め、コンビニに早変わりしていたせいである。足はきちんと距離をはかって歩いてきた。角を曲がって店に入り、話題はしばらく店をたたんだ染物屋のこと。

「どこもかしこもコンビニだねェ」

たいていの人が同じセリフを口にする。

世のショーバイに浮き沈みは当然である。その手の有為転変《ういてんぺん》にそなえてだろう。居酒屋エリアにはきまって稲荷様《いなり》が祀られていて、稲荷小路といった命名がされている。酒家万八千を司《つかさど》る神サマであって、商売繁昌《はんじよう》、家内安全、五穀豊穣《ごこくほうじよう》、さらに火除《ひよ》けの守りも兼ねている。

よほどのことがないかぎり、神社は店閉まいしないしコンビニに早変わりすることもない。おのずと稲荷小路が居酒屋地図の元標となって、そこから二つ目の辻とか、神社裏の筋向かいの露地とか、一見のところ原始的であれ、きわめて的確なナビゲーターをつとめてくれる。銀行の横手とか交番の裏より、神サマにかかわる道案内のほうが、言葉のお通しを出されたようで、気分がふくらんでくるものだ。

あとの問いは難しい。右も左も、ときには上下にもわたりライバルにとり巻かれていて、どうしてやっていくか？　どのように特色を出して客をつかむのか？　おいしいお酒、おいしい料理、あたたかいもてなし、おやじの気っぷ、おかみさんのなごやかさ、お手伝いのミヨちゃんのエプロン姿……。気まぐれな客の足を一定の方向に向けさせるもの。おおまかにいって、それは三種に分かれるようだ。

A　ウチの特色はコレ式の個性顕示型

B　「神は細部に宿り給う」式の穏健型

C　とりたてて何もない式の自然型

Aは見るからにわかりやすい。特色がキャッチフレーズとしてうたってある。居酒屋エリアのなかの新興組に多いのは、存在を主張しなくてはならず、たいてい若い主人とオクさんがかいがいしく働いている。たまに訪ねるのは悪くない。ただこの手の店は特色の押し売りをされているようで疲れるし、それに主人がほんの数年で小肥りになり、オクさんに代わって若い子が手伝いにくると、急速に初期の初々しさが消えていく。

Bの「細部」のうち、のれんを一つの手がかりにするのはどうだろう。店の入口の縄のれんではなく、板場との境にかかっている小さなのれん。居酒屋の主人にとっての板場は、文筆家の書斎のようなもので、そこで「作品」がはぐくまれる。おのずと境界が当主の思想表明を兼ねている。

「愛酒不愧天《あいしゅてんにはじず》」

どこかで見つくろってきたのれんではなく、懇意のだれかに染めつけてもらった。もしかすると先だって店閉まいした染物屋かもしれない。

そんな店は品書きが予感の確証をしてくれる。ひと癖ある小品が並んでいるのだ。生からすみ、かきの塩辛、塩いかきゅうりもみ、ニラのもみづけ。それぞれが耳もとで燗酒のお伴をささやいている。山ふぐ（刺身コンニャク）。

「そのまま、何もつけずにどうぞ」

柚子《ゆず》につけこんであって、やわらかな酸っぱ味があり、ヤボな醬油《しょうゆ》など必要としないのだ。こういう店は長年にわたる客がおおかたで、主人の工夫と客の舌との二人三脚で支えてきた。みなさん静かに杯を傾けていて、声高に言いつのったり、口をひん曲げて会社の悪口を言ったりするタイプはいない。店の特色が、おのずと客筋を選別しているぐあいである。

一歩入って、おもわず「おっ」と声が出かかる店がある。雑然とした飲み屋街とは天と地のようにちがうからで、廻《まわ》り舞台で世界がガラリと変わったぐあい。

ゆるやかな「く」の字に炉が切ってあって、天井ぎわに神棚、明かりは格子づくり。老舗《しにせ》のお宿の御帳場にきたかのようだ。炉ばたの向こうに亭主がいて、大きな木製のヘラにのせてお銚子や料理をわたす。先の分類でいくとあきらかにAであって、あふれるほどに特色が盛りつけてある。

そう思って品書きを手にとると、たぜり、篠竹《しのだけ》焼、山ひじき、ひじこ、たらっぽ……。見なれないのはお国言葉の山菜らしい。べこ田楽、じゅんさい、茄子《なす》焼、どぜう。つつましげに居並んでいる小品は、どちらかというとBに類するもので、そういえば横手の仕切りののれんに四文字四戒が染めつけてある。

他座献酬
大声歌唱
席外問答
乱酔暴論

漢文の作法でクセの悪い呑み助をたしなめてある。さらによく見ると鴨居《かもい》のわきに古写真がかかっていて、先代の「おやじさん」。そのうちわかってくる。若いころは児童文学運動にかかわって、雑誌を出していた。絵が上手で、歌づくりが達者で、運動から手を引いてのちに居酒屋を始めた。雑誌時代の弟子筋にあたるご夫婦が店を引きついだ。

写真には品のいい檀那《だんな》さまといった感じの人が、ちゃんちゃんこを着て炉ばたにすわっている。このスタイルは特色顕示ではなく、炉ばたのもつなごやかさ、共同体意識から、ごく自然に選び取られた形のようだ。

手の延長の木製ヘラにしても、もとは「掘返《ほりかえし》」といって、泥をしゃくってどじょうを取った道具だとか。メニューの「どぜう」はそのころからのつき合いである。ためしに持たせてもらったところ、なかなか重いのだ。徳利をのせ、しかもさりげなく差し出すためには、グンとお腹に力を入れておく。裏返すと「大」の字が逆さまに彫りこんであって、よこ向きの「セ」の字がそえてある。「サカ大（酒代）ヨコセ」の意味。

「酒代タオセとも読めるわネ」

そんなやりとりを通して二代にわたる居酒屋の味がしみ出ている。

こういう店にはいつまでもすわっていたいが、「く」の字の炉ばたは十人もすわれない。ホロ酔いゾーンに入ってくると、おあとと交代が呑み助のたしなみである。多年の修業で自分の酔いかげんはちゃんとわかる。他人の酔いも、からだの揺らしぐあいでほぼわかり、鼻の赤らんだのが三人、コーラスのようにそろって右や左に揺れだすと、相当メートルが上がった証拠である。

「稲荷様におまいりは？」

当主のおさそいはメートルの切れ目。腰を上げる催促にも、おキツネ様は重宝である。

Cの自然型は見きわめが難しい。投げやりの自然から、とびきり自然らしい自然さが特色の店まで、おそろしくいろいろとあるからだ。何よりも自然な味わい、ウソのないお酒、野菜は有機野菜、調味料は無添加物――。あまり徹底されると肩がこる。そのあたりのかね合いが、主人の知恵と見識というものだろう。客とすれば落ち着いた店で、ほどよい明かりの下で、自然なお酒が気安く飲める、そういう店が最上なのだ。

だからメニューにとりたてて特色がなくても早トチリしてはいけない。山芋と魚介のしんじょ揚げ、そばの実コロッケ。平凡なようで、そっと工夫がこらしてある。

「とりのごんぼ焼き?」

仙台地方の言い方で、ごんぼは尻尾《しっぽ》、いわゆる鶏の「ぼんじり」のところだ。脂《あぶら》がのっていて、塩と七味唐辛子をふりかけて食べると絶妙にうまい。当主のお国を推察しつつ自然型のよって立つ技巧に、そろそろ気づいてくるころである。酒瓶《さかびん》がキヲツケイをした小学一年生のように行儀よく並んでいて、いずれもごんぼの県産もの。

そんな店では三月とか九月になると特有の風景が見られる。去りがけに店の人全員と挨拶《あいさつ》していく人。かわってつれの若いのにうながして名刺を差し出す。転勤の辞令をふところに、先輩が後輩をひき合わせる。昼間は取引先ですませてきて、夜は居酒屋のバトンタッチだ。

居酒屋は人生の夜学であって、たのしく酔いながら、いわず語らずのうちにさまざまな勉強のできるところだ。その校門を出ていくとき、けたたましいベルが鳴ったりしない。もっと風雅であって、夜風がきちんと時間の推移をおしえてくれる。

構造と特性

居酒屋は「入りづらい」という人がいる。初めての店の場合だが、入るのに「勇気がいる」というのだ。たしかにおりおり、のれんの前で思案している人を見かけるものだ。連れがあれば、一人が背のびしてガラスごしに店内をうかがったり、あるいは中が見えないときは、指一本分こじあけて隙間からそっとのぞいている。

「どうだった？」

念のため役がかわって、連れが偵察する。ついで、まあ、見送ろうとなるときに、二通りのケースが考えられる。

1　店がこんでいる。
2　店がすいている。

どちらも「ほどほど」を規準にして、それをこえているときで、1はこみ合いの度が予想以上、2はすきぐあいが予測をこえていて、まるで客の姿がなく、亭主がポツンとテレビを見ているような場合である。

たとえこんでいても、一人や二人は何とかなるだろうし、すいていて、ましてや客が一人もいなければ、大手を振って入っていけばよさそうなものだが、そんなふうにはならないのだ。ひとこと、ふたこと、小声で交わし合って、やおら次の店へ向かう。不可解な行動のようだが、こと居酒屋に関しては、ごく正常な反応であり対処の仕方といえる。居酒屋の構造、またそれと結びついた居酒屋の特性が必然的に生み出す行動パターンである。

居酒屋の構造を分類すると、大きく三つのタイプに分かれるだろう。

A　カウンターのみ

B　カウンター＋小上がりに小卓

C　カウンター＋四人卓＋奥（小）座敷

それぞれいくつかヴァリエーションがあって、「カウンターのみ」では、直線型、L字（逆L字）型、U字型があって、馬蹄《ばてい》型をしたU字がけっこう大きい店もある。「小上がり」というのは、カウンターのすぐうしろが畳敷きになっていて、客は靴をぬいで上がる。そこに四人卓が二つばかり。へんに立派なテーブルのこともあるが、通常は脚が折りたたみ式で、隅に使いこんだざぶとんが積んである。

Bの小卓、またCの四人卓はくっつけたり配置換えをすると、八人、十人のグループにあてられる。奥座敷、小座敷は大小、また使い方もさまざまで、それは店の経営方針しだいで変化する。

ヴァリエーションはインテリアにも及んでいて、小上がりが掘りごたつ式になっていたり、小座敷にいろりが切ってあって、天井から自在鉤《じざいかぎ》が下がり、灰の中の五徳《ごとく》に南部《なんぶ》鉄瓶《てつびん》がのっていることもある。あるいは焼きとり系に多いが、土間のまん中に大きな台があって、椅子はなし、立ち飲み、立ち食いで通している。インテリアを省くことによって、逆説的に下町風居酒屋性を強調したといえるだろう。

店の構造は店のスタッフと不即不離の関係にあり、Aは主人とアルバイトの女の子、Bは主人とおかみさん、Cは主人とおかみさんとアルバイトの女の子といった構成がふつうではなかろうか。

「チコちゃん、どうしたの？」

客の問いからチコちゃんの話になり、チコちゃんがデザイン学校に通っていて、卒業制作のために休みをもらったことがわかる。

小上がりは案外手のかかるスタイルであって、客がカウンターではなくてそちらを選んだのは、ゆっくりしたいという目論見《もくろみ》があってのこと。注文がうるさく品数が多いぶん、アルバイトの女の子の手にあまる。

小座敷ないし奥座敷がつけば、とくに週末など、動きのにぶいおかみさんは管理役で、アルバイトの女の子がテキパキと動くのが望ましい。

A、B、Cに共通してカウンターの欠かせないのが、とりわけ居酒屋の特色である。一見のところは調理場と客席を分ける仕切り兼極端に細長いテーブルであるが、むろん、それだけではない。さまざまな使い方がされていて、ある店ではカウンターの上にママさん手作りのおから、コンニャクやぜんまいの煮たのが鉢に入っている。しばしばメニューにはなく、サービスのように供せられ、しかしなんらかの形で勘定には入っているという複雑な品である。

あるいは目がエメラルド色をした小魚や、立派なワタリガニが竹ザルに並べてあって、それが空っぽになると時間前でも店じまいといったところもある。河岸《かし》で仕入れた材料を客の目にさらして、それが店の品格を高めるというのも、居酒屋にそなわったフシギな一面である。

カウンターのはしのガラス瓶に、おかみさん愛好のせんべいが入っていて、客により、またおかみさんの気分によって配られたりして、とたんに店内に家族の団らんのような雰囲気がみなぎることもある。

使い方はさまざまながら、主人と客が向かい合うスタイルは変わらない。中にいるのは仕入れから調理、盛りつけ、手渡しもすべてやる人であって、当然のことながら客はその顔、割烹着、手さばきをすぐ間近に見ている。

主人にとっても同様で、目の前の客の表情、眼鏡をかけていれば眼鏡の品質、いで立ち、注文ぶり、食べ方と飲み方、ときには推定のふところぐあいまでも目の前にしている。アカの他人がこれほど近い距離で、何時間も顔を見合わせて過ごすというのは、きわめて珍しいことではあるまいか。居酒屋以外ではすし屋におなじみだが、すし屋の場合、すし職人という独特の型があり、主人は職人であるか、職人を演じていればいいし、客は型に即して応対すればそれですむ。これに対して居酒屋はずっと不定形で、とりとめがない。そのぶん、すし屋のように緊張を強いられたり、肩のこる気づかいがない。

つまるところ居酒屋のカウンターは、主人と客がとりとめなく顔を見合わせ、とりとめのないやりとりをたのしむところであって、とりとめのないわりには、おかみさんを含め、わりと濃密な人間関係が成立している。そういう微妙な人間的かかわりの好きな人が「常連さん」としてやってくる。人によっては毎晩のように、あるいは週に二、三度きっとあらわれる。その関係の物的証拠をのこしたい人が「ボトルキープ」というのをする。飲み方はしみったれで、注文はつましく、長々と居すわる客であるが、概しておとなしいし、そもそも一定数の常連客がいなくては居酒屋は成り立たない。

小上がりというのはデリケートな席であって、カウンターのすぐうしろにあってカウンターの延長のようだが、性格が大きくちがうのだ。位置からして横向きの姿勢であって、主人と顔を見合わせる必要がない。それなりに区切られた空間ではあれ、カウンターからはまる見えであり、話もつつ抜けであって、実質的にはなんらカウンターと変わらない。にもかかわらず段取りとしては座敷に上がる気分のせいか、かなり内輪のやりとりが聞こえてきたりする。

ながらく通ってきた居酒屋でも、小上がりにすわったことのない人は、いちどためしてみるといいだろう。視角が変わると見なれた店が、まるでちがって見えるものだ。

「それ、何なの?」

カウンターの上にカラカラに乾いたものがブラ下がっている。すっぽんの背骨だそうで、ずっと前からあったというが、どうして目にとまらなかったのだろう?

「奥へどーぞ」

座敷といっても居酒屋の場合は、畳敷きをつい立てで仕切ったスタイルが一般的で、上がり口に靴入れがあり、トイレ用のサンダルが二、三足。いたって殺風景だが、へんに古民具やそば猪口《ちよこ》、どうかすると蓑《みの》や編笠《あみがさ》を飾ってアンチークを気取ったりするよりも、はるかに気持がいい。

畳敷きに靴をぬいで上がると、家に帰った気分がするようで、人によっては上着をとり、ネクタイをゆるめ、腰を下ろし、あぐらを組む一連の動作が、日常そのままを思わせる。そのあとの注文の選別にはじまり、ハナをかんだり、テーブルに寄っかかったり、トイレに行ったりの過程、はては勘定に際しての反応すべて地のままと考えていいだろう。もし結婚を前提につき合う人ができたら、お洒落《しゃれ》なイタリア料理などは二の次にして、居酒屋の座敷で「わが家気分」を体験してみるのがいいのではなかろうか。相手がよくわかって、手遅れにならないうちに再考する機会が得られるかもしれないのだ。

以上くどくどと述べてきたが、せいぜいカウンターと小上がりと座敷から成る居酒屋が、いたって意味深い小空間を宿していることがおわかりだろう。とすると初めての店の前で、つま先立ちや隙間のぞきの偵察のあとの、一見不可解ともとれる行動の理由がのみこめるというものだ。

カウンターがこみ合っているのは、何かのはずみで常連客がかち合ったわけで、こんな夜は高揚感がたまらないのか、主人もおかみさんも多少とものぼせぎみ。たとえ詰め合わせてもらって席にありついたとしても、しょせんはみにくいアヒルの子で、なんとも間の悪いことになる。といってすげなく出るというのをはばかるような一体感が店内にあって、こころならずもずるずるとつき合うはめになるものだ。

すきぐあいが予測をこえて、主人が所在なげにスポーツ新聞を読んでいるというのは、やはり二の足を踏んで当然である。たまたま常連客が姿を見せなかっただけかもしれないが、同じ比率で常連さんの払底している店かもしれない。勇を鼓して入ってみて払底するのもムべなるかなと納得したケースが少なくないのだが、そんな店にかぎって二度といかなかったのに、なぜか記憶にしみつき、なつかしくさえ思えたりするのはどうしてだろう?

後悔する店

べつに居酒屋にかぎらないが、入ったとたんに後悔する店がある。

「しまった！」

「まずかったなァ——」

なぜか即座にそんな思いに駆られる。ちょっとした買物の店なら、さりげなく一巡してトットとおいとまをすればいいが、食べ物系統の場合、とくに居酒屋のような小さな店では、一歩入れば主人とすでに対面しており、そのまま廻れ右をするわけにいかない。

それにしても、どうして即座に「しまった」と思うのだろう？　なぜまずかったとわかるのか？　はじめてのところであって、それがどんな店であるか、主人がいかなる人であるか、まだまるきりわかっていないのだ。そもそも入るに先立ち、多少とも、ときには入念に、比較検討をした。そのはずである。赤提灯なり縄のれんなりの古びぐあい、メニューの一部が掲げてあればその品目、店のたたずまい。戸の隙間から店内をうかがったこともある。ひととおり手続きをすませてから合格点を与えた。

「いらっしゃい！」

声がかかって、おしぼりが出る。お品書きに目をやる。喉《のど》の渇き、腹ぐあいをたしかめながら注文を考える。居酒屋にあって、いつものルーチン化したプロセスである。にもかかわらず意識はいぜんとして、ただ一つところをめぐっている。つまり、「しまった！」「まずかったなァ——」。

自分で選択したというのに、何が気に入らないのだろう？　戸を開けると景気のいい声に迎えられると思っていたのに、声に元気がなく、投げやりな感じがしたのだろうか？　椅子にのせたかすり木綿の座ぶとんが日灼《ひや》けしていて、黒ずんだシミが目にとまったのか？　思いのほか店の奥が深く、そこの明かりが消されていて暗い洞穴のような気がしたせいか？　カウンターの前に雑誌で紹介された記事がピンでとめてあって、それが見るからに以前のものだと判定したのか？　主人が割烹着の胸元にプラチナのペンダントをぶら下げていたからか？

はじめての店に入ったときの客を「居酒屋の客」というのは正しくないだろう。少なくともその瞬間は、ことのほか五感のサエた芸術家、あるいは批評家ともいうべきだ。主人のちょっとした声の調子や、まわりの小道具なり雰囲気なりへの微細な反応はどうだろう。むろん、酒と食べ物の店に関する美学と見識があってのこと。ほんの一瞬で感じとって、的確な判断を下さずにいられない。もし世の批評家とちがいがあるとすれば、彼らが難解な批評用語を駆使するのに対して、こちらの先生は「しまった」「まずかった」程度の語彙《ごい》にかぎられていることである。

その五感、また美学と見識にてらして、何かがピッタリこないのだ。店は清潔で、すすけてもいない。だがそれは掃除がいきとどいているというよりも、このところ客足が遠のいており、汚れたりすすけたりする経過をもっていないあかしではないのか。

主人はたしかに豆しぼりのハチマキをしめている。だがキリリとしめたというのではなく、なんとなく巻きつけたぐあいであって、あらためてながめると、豆しぼりのはしっこが手ずれしているし、上っ張りの胸元が茶ばんでいる。

とっつきにくいのはかまわない。はなはそうでも、つづくちょっとした表情に、愛嬌なり気さくさがうかがえるはずのものだが、どちらかというと、とっつきにくさが顔面に固定したぐあいで、おのずと愛嬌笑いもひきゆがんでいるようである。

奥の小座敷が茶室風のしつらえになっているのに、カウンターの上に安っぽい野球選手やアイドル歌手のサイン入り色紙がズラリと並べてあって、店のつくりがちぐはぐで落ち着かない。

戸を開けたとき主人があわてて奥に消えたが、両手にかかえていたのはネコではなかったか。食べ物屋にペットは禁物と思うのだが、ペットへの愛情が営業努力に勝っているのだろうか。入ったとたんに後悔する店は、おおよそつぎの三つのタイプに分類できるようである。

A　もともと居酒屋に合わない人がやっている。

B　そこそこに繁昌する条件をもちながら閑古鳥《かんこどり》が鳴いている。

C　評判になってしかるべき店なのに客が敬遠する。

A型はすぐにわかる。店のつくり、客あしらい、品揃《しなぞろ》え、すべてにわたり無頓着《むとんちゃく》である。

営業中に電気工事屋が訪れて配線をたしかめたりするのもこの手の店で、いかにそれが客にとって酒の味わいの邪魔立てをするか、さっぱりわかっていないからだ。ペット愛玩組もA型に多い。もともと居酒屋に合わない人であることは衆目の一致するところなのに、当人だけにそれがわかっていない。

B型は複雑である。駅に近く、立地条件も悪くない。主人の人柄、店づくり、食べ物・飲み物の揃え方、料理の技術、とりたてて欠点はない。ちゃんと平均点はとっている。にもかかわらず客の入りがめだって悪い。そのぶん騒ぎ立てる客もなく、静かに飲みたい人に打ってつけと思うのだが、まさにその人が一度はともかく次は二の足を踏む。

居酒屋のカテゴリーにとどまらず、人間学全体に及ぶような気がする。すべてが平均点というのは、無難な人生を送る前提かもしれないが、無難以上にそれは退屈な人生を送る条件ではあるまいか。退屈で無難をとるか、リスクはあってもおもしろいほうをとるか、人さまざま、考え方しだいだとしても、好んで居酒屋に寄り道をしたがるのは、おおかたの場合、その行動様式からして退屈無難志向ではないだろう。とりわけ静かに飲みたい人種は、内面に平均点を大きくハミ出す何かをかかえているものだ。

C型は人間学では興味深いタイプだが、居酒屋で向かい合うとき、もっとも厄介なケースである。しかるべきところでみっちり修業ずみで、酒・サカナに一家言があり、もとより腕がいい。四季おりおりの素材を巧みに生かす工夫が見てとれる。客が席につくと、おしぼりにそえて京焼きの汲み出し茶わんで煎茶をまず一杯。煮物は京風のうす味で品よくたき上げてあって、揚げ物には純度の高いゴマ油を使い、客の食べぐあいを見はからって揚げてくれる。ほんのりした黄金《こがね》色のコロモがカリッとこうばしく、まさに天下一品――。

開店早々は連日満員だった。評判を聞きつけ、わざわざタクシーで来た人もいる。

「いやァー、旨かった」

うれしげにお腹をなでながら、満足のひとことをのこしていく。主人の胸元のプラチナ・ペンダントが光りかがやいていた。

ところがどうしてか、一人また一人と客の姿が消えていく。満員盛況に気がゆるんで主人が手抜きをしだしたわけではないのである。たしかによそとくらべていささか高値だが、選り抜きの素材、丁寧なつくり、小鉢物一つにも神経のいきとどいた盛りつけ、都心の超一流店にヒケをとらないのだ。少しは値が張ってもやむをえない。

久しぶりに訪ねると、何やらものさびしい。品数が半減したのは、素材の仕入れをかぎったからだろう。気のせいか、まずひと口の煎茶にも香りが乏しい。胸元のペンダントもかがやきを失った。

主人のせいではなく、ロケーションが悪いのだ。独立する際、手もちの資金と相談して慎重に土地を選んだだろう。都心の一等地はムリだとしても、年間所得の高い人々の住む近郊。駅前はゴタゴタしているので、歩いて五分ばかりの静かな大通り。腕と素材が立地の不利を補うはずだった。

主人はきっと忘れていたのだ。領収書組は全身が領収書仕立てで、数字が多いほど旨いと考えるが、身銭組は舌とノドがよく覚えていて、すこぶるモチがいい。ほんのたまに口にすれば十分で、またほんのたまに口にするからこそ絶妙に旨いのだ。何かのかかわりで三日つづけたりすると、「天下一品」もふつうの味にもどっている。

主人の考えでは、とびきりの素材なのだから、たとえ品数と量をへらしてもかまわない。少なくてもいいものはいいのである。正統派の考えにちがいないが、実をいうと、どんなにいいものでも数と品が少なくなると、おいしいというよりもさびしいになり、ついでわびしいに変化する。クラスにどっさりできないのがいてこそ秀才が映えるのと同じである。クラスメートがひとけたになると、秀才も鈍才もさしてちがいがなくなってくる。

客が遠のくと、素材だけでなく主人その人までが「おいしい」から「さびしい」、「わびしい」にうつっていくようだ。態度が卑屈もしくは高慢になり、不機嫌が言葉にもれる。ひがんでくるからで、何げなく「この辺りの客はダメ」といった本音がもれる。客を前にして主人が客の評定をはじめると、もうおしまいだ。相槌を打ちながらも、ここにくるのもこれっきりとハラをきめる。

しかしながら、入ったとたんに後悔したからといって、悪い店とはかぎらないのが居酒屋のふところ深いところである。しょうゆの味のしみこみすぎた豆腐やツミレは、豆腐にして豆腐にあらず、ツミレにしてツミレのようでない、まかフシギな食べ物にありつけるし、煮物、焼き物、吸い物、どれといわずいつも同じ味の平均点食べ物となると、わが家にいるように舌また胃袋が折り目正しく受け入れるようである。それに何よりも実物のモデルを前に、奥深い人間学の修業ができる。

小料理屋を考える

小料理屋のママさんにおそわったのだが、小料理屋が小料理屋として電話帳にのったそうだ。

「電話帳？……」

何のことかわからなくて、ビールを飲みながらボンヤリしていた。

「スタンドと入れかわったの」

「ハァ……」

訊《き》きただしてやっとわかったが、これまでＮＴＴの職業別電話帳に「小料理」の項目がなく、十把《じっぱ》ひとからげに飲食店のところに入れてあった。それが最近ひとり立ちして、かわりにスタンドが消えたという。

「そういえばスタンド、見かけないね」

友人が日本酒をチビチビやりながら呟《つぶや》いた。以前は駅前あたりにきっとあったものだ。このところ「立ち呑み処」というのをよく見かけるが、あれが当節のスタンドってわけか――。「スタンド」を知らない世代のために少し言いそえておくと、卓上の明かりでもインクスタンドでもガソリンスタンドでもなく、れっきとした飲み屋である。名前からすると立って飲むイメージだが、そうではなく、粗末ながらも椅子式で、カウンターと向き合って七つ八つ。食べ物も飲み物もごく安直で安いのだ。ちょっと立ち飲みしていく雰囲気から「スタンド」の名がついたと思われる。

戦後のある時期におめみえして、雨後のタケノコのように全国にひろがった。通りすがりに寄っていくという性質上、駅に近い角っこや通りの空き地が定番だった。町の風景にとけこんでいたあの安手の飲み屋系が、小料理屋系に席をゆずったらしいのだ。

ことのついでにヤボを承知でママさんにたずねてみた。

「どうして小料理屋というのですか？」

かねが気になっていた。料理に「小」がつく。大料理とはいわないのに小料理は世に通用している。ママさんによると割烹や料理屋のように、ちゃんとした料理をコースで出したりできなくて、手軽な一品物でやっている店のこと。

「お店もお料理も小さいの」

言われればそのような気がするが、しかし、それだけではないような感じがしてならない。現に店もメニューも小規模だが小料理屋ではない店がワンサとある。看板に小料理をうたう店は、店舗や調理をこえた何かをそなえており、ひそかにそれを本当の「商い」にしているのではあるまいか？

「ママさん」などと親しげに述べているが、いつも友人といっしょにくるまでで、べつに親しくはない。宗教にいろんな宗派があるように、居酒屋にも異種変種がどっさりある。心の相性《あいしょう》で信仰の宗派が定まっていくように、小料理にも合う人と合わない人がいて、友人は合う人、こちらは合わない人ながら、だからといって信者によくあるような断乎《だんこ》拒否というのではなく、誘われると寛容についていく。

そのかぎりの狭い見聞によるのだが、小料理屋は相当にヘンな世界である。なるほど、店は小さい。せいぜい間口二間たらず。カウンターと向き合って椅子式はスタンドと同じ。ただスタンドの主人がおおかた男であったのに対して、こちらは女。そして女性の気くばりだろう、椅子にかすり木綿の小座ぶとんが敷いてある。

料理もたしかに一品物が主体だが、しかしコースがなくもないのである。

「いかほどで？」

女主人が小声でたずね、友人が指で合図をすると、こっくりうなずき、まずは切り干し大根の煮たものといったのが出てくる。ついで酢の物、煮物、蒸し物。一汁五菜のコース風だが、コース料理に不可欠の味覚の変化というよりも、手持ちの一品物が序列化されただけのようでもある。

あるとき突然、嫌いなものがあるかどうか問われた。ニンジンとシイタケとネギの白いところと貝類と答えたところ、ママさんは少し困った顔をした。イキのいいカキが入ったので、それを予定していたとか。急遽《きゆうきよ》変更、赤いフチ取りのある懐紙を敷いた竹籠に飛龍頭《ひりようず》と生麩《なまふ》がのって出てきた。竹籠を食べるわけではないので手のこんだ飾りは無用と思ったが、急なピンチヒッター用に常時そなえられているようだった。

ふつう食べ物の好き嫌いが問題になるのは母と子の場合に多いが、それはまた小料理屋の原理でもあるらしい。かすり木綿の小座ぶとんにお尻をのせたとたん、ママさんは母、客は子になる。

「ハイ、忘れもの」

この前、友人はハンカチを忘れて帰った。くしゃくしゃだったのがきれいに洗濯されて、アイロンまでかかっている。幼いころ登校前には、きっと母子《おやこ》で「忘れもの、ないね」などのやりとりがあったものだが、それをホーフッさせるシーンが小料理屋で再現される。

「ヤ、あんがト」

ヘンな言い方はテレくさいからだ。友人は小さな商社ながら、社長として十数年にわたり会社を切り盛りしてきた人物である。ふだんは鋭い目つきの人が目を細め、洗濯ずみのハンカチをいとしげに押しいただき、何の香を求めてか、ちょっと鼻でかいでからポケットに収めた。

母と子のあいだでは共通の知人を話題にするとき、「としクン」とか「マーちゃん」とか「ケンスケ」とか、略称または親称の呼びすてが使われるが、小料理屋でもそうである。折り目正しく酒盃を傾けながら、「としクン」の近況が報告される。聞くうちに「としクン」が繊維問屋の主人であって、このたび税務署の税務調査が入り、対策に大わらわとのこと。「としクン」という幼稚園的名称と税務署の税務調査とが、こともなく結びつくのが小料理屋の特色である。

食べ物にわたっても母と子の原理が一貫していて、おいしいものがあると、母親がみさかいなく子供に食べさせるように、酢の物といっしょに黒豆の煮たのが小皿にのって出てきたりする。煮る前に米の研ぎ汁に一晩ひたしておくのがコツだそうだ。コトコト煮るとき、錆《さ》び釘《くぎ》を入れるのは先人たちの知恵である。

商社社長は酢の物を中断して黒豆にとりかかる。母親が念入りに手をかけた品を、いかにも「うまい!」といったふうに食べる演技術は子供のときに修得した。むろん、残すなどはもってのほか。

家庭的サービス、季節のちょっとしたおいしいもの、正規のメニューのあいだに大根おろしといった健康にいいものがはさまること、客のほとんどが顔なじみで、ママさんがいちいち、たとえば「マーちゃん」はなめこ豆腐、「ケンスケ」はオコゼのから揚げが大好物といったことを承知していること、お品書きの流れるような毛筆は、なじみ客の一人である習字の先生の手になるといったこと——以上、小料理屋の特色をいくつかあげてみた。

もう一つある。ママさんと客とのやりとりが、ときおり特定の領域に入りこむということである。あいまいな表現ながら、顔なじみ同士とママさんを結ぶ目に見えないネットワークにかかわっており、抜けがけをもくろむことのタブーを口にしつつ、同じ口で抜けがけの提案に及ぶという複雑な構成をとっている。

いわば「思わせぶり話法」であって、相手に期待を抱かせつつ、その実現はあいまい模糊《もこ》として霧のかなたといった応答である。例外的に段どりがすすみスケジュールにわたり始めると、きまって煮物がふきこぼれそうになったり、顔なじみの一人がやってきたりで中絶、提案は虚空に消えていく。

「おかあさん、ちょっと――」

先だってのことだが奥の小窓が細目にひらいて、高校生とおぼしい娘の顔がのぞいた。このときは正真正銘の母子のやりとりで、娘が友達との夜の外出の約束を口にし、母がそれを不審がり、だが娘の主張に折れて、早い帰宅を言い含めて送り出すまでの経過があった。ほんの数分なのに長い時間に感じられたのは、軽妙な思わせぶり話法劇のなかに、突如としてリアリズムの寸劇がはさまったせいだろう。

その直後、友人は折り目正しい酒盃にもどり、ママさんの上っ張りの白さが痛いように感じられたのを印象深く覚えている。つまるところ小料理屋商法において「おかあさん、ちょっと」は、ルール違反にあたるのではなかろうか。

しめくくりの勘定においても、小料理屋はきわめて特異な方式をとっている。ママさんはメモ用紙とエンピツをもち、厳粛な顔つきで食膳《しょくぜん》のあとを見やりながら顔を何度か上下に動かす。目勘定するときの動作にちがいないが、はたして数えているのは飲み物食べ物なのかどうか。むしろそれは二の次であって、目勘定はもっぱら、なじみ客のカテゴリーや客の近況、店への貢献度、その現状と将来性といったことに関係していて、そののちに食膳とミックスされて計算が完了する。きわめて複雑なプロセスであって、それを瞬時にやってのけるのだから、人間の脳髄《のうずい》は超コンピュータの性能をもつといえるだろう。

もとより明細書をこえた勘定であれば、総計だけが紙にしるして手わたされる。ざら紙を小指大に切った紙きれである。微妙な計算の総計であるとともに、「このつぎ、また」の指切りげんまんを兼ねている。

小料理屋は居酒屋世界の一つの極北というもので、日本的文化の一つのかたちとみなせるだろう。スタンドが現実本位の店だったのに対して、小料理屋は幻想本位にあたる。現実に代わって幻想が電話帳に認知されたのは、こよなく平成の世のあり方を示している。

II 食べる愉しみ

お品書きの研究

おりおり見かけるのだが、若い男女がメニューを開いて思案している。ひとしきりながめてから、小声で言いかわし、またメニューに目をやる。

それほど大層な店ではないのである。俗に「イタメシ屋」「ファミレス」といわれるたぐい。あるいは中華料理をうたっていてもラーメン屋に毛のはえた程度。そこでささやきあって相談のあげく、やっとお目あてにたどりつく。

もしかすると海外旅行で見聞したのを、食事のときのエチケットなどと思いこんだのではあるまいか。たしかにヨーロッパではきっと目にする。レストランの席についてから注文するまで、三十分ちかくかかることも珍しくない。夫婦、友人同士、家族づれ、一人客、いずれの場合もメニューに目をやり、一品ずつ検討し、ときにはボーイを呼んで料理法をたしかめ、またあらためて思案する。さながら世界の謎を解くように真剣な顔つきだ。

ただし、その大半が中高年である。髪が失せ、皮膚がたるんでいるように、胃腸はくたびれ、すでに本来の食欲を失っている。

さらにレストランの性格がかかわっている。注文にいたる前に、その種の手続きを必要とする店と必要としない店とがあり、必要とする店では、なるたけ長々とメニューを検討するのが店の礼儀にかなっている。

それにその手のレストランの仕組み自体が、長い思案と検討を前提にしており、席について即座に注文したりすると、給仕は面くらうのではあるまいか。仕組みのしからしむるところで、即決で注文しても料理は一向に出てこない。客に代わってコックが長々と思案し、検討しているぐあいなのだ。

メニューにまつわる一件は、食欲を失った人がたまに胃袋に祝典を催す儀式であって、その儀式代もちゃんと料金に入っている。

ためしに生来の食欲を正常に保持した人々の出向くところを訪ねてみよう。町の人がごくふつうに通う店であって、ガイドブックなどには出ていない。ナプキンは広告入りの紙製が多い。食欲の命じるとおり、客はすわるなり注文するし、待つまもなく湯気の立つのがあらわれる。むろん、絶妙にうまいのだ。

この点、わが国の居酒屋は世界に冠たるものだろう。そもそもメニューがないのである。いや、「お品書き」というのがなくもないが、たいてい誰も手にとったりしない。そんな必要はないからで、壁にズラリと張り出され、頭上に鈴なりになっている。いつのころに始まったのか知らないが、店内がそっくりメニューを兼務しているのは、食べ物店の形態として世界にあまり類がないのではなかろうか。

標示の仕方に、ほぼ三つのタイプがある。

A　黒板タイプ
B　表札タイプ
C　ビラタイプ

Aは黒い小さな板に白字で書いてぶらさげたもの。教室の黒板と似ていて、こころなしかお品に信頼性が加味される気がする。Bも小板だが黒ではなく褐色で、そこに黒字で書かれている。こちらは表札と似ていて、そのせいか、つい探す目つきで追っていく。Cは長細い白い紙に品目を書いてぶらさげる。白紙の強みでお品は黒字、値段は朱色と書き分けたりできるし、「スタミナ満点」「当店特製」といったワンポイントを添えられる。

材質がちがうというだけではない。お品書きが少なからず店の性格なり特徴を示している。

Aの黒板タイプは「こだわりの店」といわれるのに多いだろう。魚の鮮度にこだわっている。ママさんの手料理にこだわっている。酒へのこだわり、築地《つきじ》仕入れへのこだわり、出身地へのこだわり。ときには「ウチは何もこだわっていない」ということにこだわっている。微妙なこだわり心があってビラタイプをよしとせず、表札の無機性がしっくりこず、重厚な黒板を選ばせたような気がする。

Bの表札タイプは、こだわり性が少ない。食べ物、飲み物ともに平均的で、居酒屋におなじみのものが抜かりなくそろっていて安心できる。ちょうど表札がきちんとある家が安心できるのと同じだが、いつも平均点の成績の生徒のように、多少とももの足りない気がしないでもない。

Cはヤル気満々の店か、ヤル気が大幅に失せた店に多いようだ。両極端は一致するの原理で、ヤル気満々だと新機軸の食べ物をどんどん披露したい。キャッチフレーズを添えておきたい。二色式で目をひきたい。そんな意欲を品書きで示すには、まっ白な紙が打ってつけである。サイズも大きく長くできるし、太い墨字でドンと書きこめる。

もつ煮込み

まぐろ刺身

〆さば

頭上の躍るような手書き文字を見ただけで、煮込みが湯気を立て、まぐろの厚切りが思い浮かび、〆さばの酢が喉元にこみ上げてくる。

両極端のもう一方のほうは、同じようなビラタイプだが、白い紙が黄ばみ、張りめぐらした列がところどころ欠けている。当初はともかく、しだいにヤル気が失せるにつれて品目がへり、ビラがはがされた。よく見ると値段のところに貼り紙がしてあって数字が訂正されている。

だからといって閑古鳥が鳴いているのかというと、必ずしもそうとはかぎらない。こういう店だから好きだという常連客がいて、乱杙歯《らんぐいば》的品書きの下に腰をすえ、のんびりとおしゃべりしている。むしろ居酒屋的気分がみなぎっていて、それなりにいいものである。

ついでながら品書きの配置にも三通りがある。

a 関連一括型
b 無関連並置型
c 関連・無関連並用型

実物を示さないとわかりにくいかもしれない。たとえば、こうである。

天プラ盛合せ
フライ盛合せ
あじフライ
かきフライ
鶏唐揚
小あじフライ

フライ物が一括して並べてある。たしかに日によって、なんとなくアブラ物を口にしたいような気がするものだ。そんなとき比較検討しやすいように関連のものがまとめてある。ママさんが勘定係の店などに多いのは、女性的な気づかいにあたるのだろうか。

ただ客のほうは「なんとなくアブラ物」といったとりとめのない心境で見上げているので、まとめてあると目うつりがして、しばしば決めかねる事態になる。

「あじフライ……いや、かきにするかナ……やっぱりあじだ」

一応は決めたが、それでも迷いが尾を引いている。

こういう店は、ほかの品目にも同じ原理が踏襲してあって、たとえばしめくくりに軽く食べたい人に向けて、隅のほうはこんなぐあいだ。

茶そば
ひやむぎ
おむすび
お茶漬
お新香

さらにお新香にとなり合って、もろきゅう、しらすおろし、なめこおろし、たらこおろしなどが並んでいる。お新香のヴァリエーション兼一品としても通用する脇役陣であり、小店の壁の有効な使い方に舌を巻く。

無関連並置型は、冷奴のとなりにあじフライがあって、子持わかめ、玉子焼、まぐろぬた、などがこともなげに並んでいるケースである。無頓着のようだが、玉子焼に「京風」とあったりして、それなりのこだわりも見てとれる。

無関連物が並んでいては客が混乱するかというと、べつにそんなことはない。ここが飲食という根源的な行為のヘンテコなところで、冷奴とポテトフライは仲よく同居できるし、皮くじらとセリのおひたしが机を並べていてもかまわない。目で追うときの意外性が食欲を刺激して、こころよいほどのものなのだ。

cの関連・無関連並用型は、あらためて説明するまでもないだろう。aとbとがまじり合っている店であって、三つ葉巻、ピーマン巻、合ガモ、手羽など焼鳥関連のなかに、なぜか大根煮、しらすおろしがまじっている。肉じゃが、月見いも、みそおでんと、ゆるやかな関連性でつづくなかに、急にベーコンキャベツ巻があらわれたりするのである。

日本産居酒屋のメニューのとりわけ意味深いところだが、提供する品目を示すだけでなく、それが店また主人の人となりを示す「お品書き」でもあることだ。背後に並んだ酒類の銘柄を参考にすると、なおのことはっきりするだろう。単にホヤではなく、マボヤ、アカホヤ、スボヤなど細目にわたっているとき、亭主が仙台方面の生まれと思ってまちがいない。酒はおのずと「雪《ゆき》の松島《まつしま》」。

くじらの腸といった珍味にあわせて「おばいけ」「すぼかまぼこ」などが並び、酒は「萬《ばん》代《だい》　博多《はかた》の森」とくると、必ずやママは生粋の博多生まれで、玄界灘《げんかいなだ》の荒波をくぐってきた。居酒屋のメニューがひそかなニッポン地誌になっている。

お通しの品格

たいてい小皿で出てくる。小鉢のこともある。席につくと、すぐさまお手拭きやお箸《はし》とともにくることもあれば、飲み物なり食べ物なりを注文してから、やおら届くこともある。突き出し、あるいはお通しという。

「三番サーン、お通し二丁！」

いせいのいい声で奥によびかけたりする。三番テーブルに二人づれがきた。店開け最初の客であると、一段と声がはずむものだ。居酒屋のトランペットであって、オペラと同じように序曲が期待をかきたて、あとの展開に夢をいだかせる。

前菜にあたり、フランス料理だとオードブル。スペイン料理では「ハモン」とよばれる生ハムが定番で、それがダメだと、どんなに高級レストランを装っても客は来ないそうだ。

たしかに前菜だが、あきらかにオードブルとはちがうだろう。客の注文で届くのではなく、客として席につくと自動的に出てくる。箸や箸置きとセットになっている感じさえする。オードブルには代価を要求されるが、こちらの突き出しは箸や箸置きに代価を求められないのと同じようにタダである。正確にいうとタダではなく、食べ物なり飲み物なりに含みこませてあるのだろうが、少なくとも表向きは「おまけ」のようについていて、多少とも「儲《もう》かった」ような気がしないでもない。

それにしても、なぜ「突き出し」というのだろう？　相撲の決まり手と料理の前菜が同じ名称というのは、考えてみるとヘンなぐあいだ。最初に勢いよく出すときの手つきが、相撲を連想させたのだろうか。突き出しの動詞である「突き出す」は警察などに突き出す場合に使われ、「強制的に連行する」の意味である。とすると客の好みとは関係なくセットになっていて、その「強制」の性格が暗黙のうちにはたらいて、こんな言い方になったのか。

もう一つの「お通し」はわかりやすい。客を通したことから生まれたと思われる。あるいは、まず簡単な食べ物を通すといった意味合いによるのかもしれない。歌舞伎などで「通し」というのは通し狂言のことで、序から大切《おおぎり》まで通して上演する。居酒屋のお通しもまた序であって、腰を据えるほどに、三段目、五段目とつづき、はては大切にいたらないでもないだろう。この点でも、きわめて適切な用語である。

こまかくいうと、居酒屋の「序」には三種の演出法があるようだ。

A　安直型
B　流用型
C　入念型

Aは手軽に、また安直にすませるタイプで、袋入りのままの海苔《のり》や、柿のタネや、南京豆が、小皿にのって出てくる。棚にお茶や海苔の缶が並べてあって、そこから取り出されるのだが、海苔が海苔の缶から出てくるとはかぎらず、どうかするとお茶の缶からあらわれる。まとめて仕入れたのを、手近な空缶に収めたようだ。よく見ると空缶が相当の年代物で、その店と同様の経歴を予測させ、これは年季の入った安直型というものだ。

Bはその日のメニューにあるものを、小わけにして流用するタイプである。ひじき、大根の煮たの、イワシの辛煮といったケースが多い。肉じゃが、せりおひたし、豚角煮などのこともある。レッキとした一品物だが、ごく少量にかぎってあって、なにやら公然とつまみ食いをしているふぜいである。

店としては流用ではなく、自信作の味見をさせているのかもしれない。あるいは何かの事情でその品をつくりすぎたので、小出しにしてさばくことにしたのかもしれない。

Cは突き出しに入念な工夫がされている場合である。空缶から柿のタネや南京豆を取り出すのとは大ちがいで、仕入れてきた鮮魚の中落《なかおち》やカマがさらりと煮てある。大根の葉っぱなどが炒《いた》めてある。イワシのつみれ（二個）、エノキ茸《だけ》とキュウリの酢あえ、茹《ゆで》アスパラガスのマヨネーズかけ……。こんなふうにあげていくとわかるのだが、入念な工夫が二つの方向をとっている。一つは魚の中落や大根の葉っぱのようなハンパ物に手を加える。ときには捨ててしかるべきものを上手に生かして、洒落た食べ物に仕立て直す。

もう一つは、それ自体は変哲のない素材を、ちょっとした料理法でまるきりちがった逸品につくり変えるやり方であって、もやしのミソあえ、カボチャの田舎煮、木の芽あえ……。きんぴらやおからなどでも手がこんでいて、とても日常おなじみのきんぴら、おからとは思えない。目の覚めるようにあざやかな印象は、それぞれの手の加え方とともに、小皿なり小鉢なりにも入念な配慮がされているせいによるだろう。器の色、形、大小をよく考えて選んである。居酒屋であって居酒屋にあらず、高級料理店の心意気というものだ。

このように見ていくと、順にお通しの品格といったものが上がっていく。たかが突き出しというなかれ。入念クラスともなると、もはや小さな工芸品の風雅すらおびてくる。

では、品格の高いのが用意されているから、ステキな居酒屋であるのか？　べつだん、そうとはかぎらないし、断じてそんなことはない。居酒屋という世界の興味深く、またふところ深いところである。

知る人ぞ知る居酒屋の正統派だが、そこでは酒を注文すると一汁四菜をそろえたお盆が出てくる。季節の旬のものが小皿に盛ってある。一品ずつとれば突き出しだが、そこでは一汁四菜が一セットとして勘定に入っている。

月ごとに、また日によっても小皿の品がちがうようで、秋口になるとムカゴがあらわれた。ヤマノイモの葉のつけ根に生じる珠芽《しゅが》であって、その手の珍しいのがよりすぐってある。オードブルのほかは湯豆腐、納豆、干物があるだけ。あくまでも一汁四菜を守り神にして静かに酒をたしなむ。つい声高になると亭主にたしなめられる。店のつくりも瓦屋根に格子窓、軒の縄のれんもいかにも「正調」で、編みぐあいが流れるように美しい。

こういうところでは、盃が突き出しといっしょに出てくるなんてことはない。ザルに色々とりまぜて入れてあって、小盃好きは小さいの、グイ呑み好きは大きいの、めいめいが好みのままに選び取る。すべて品格高いのだが、だからといって居酒屋の理想というのではないだろう。そもそもあまり静かにお酒を飲むと、おつやのときのようで、いつまでたっても快い酔心がめぐってこない。それに店自体に、亭主の居酒屋観を具体化した「かまえ」があって、客がそれに応じなくてはならず、そのぶん気疲れがする。

これに対してAの典型といっていい店が高架下などにある。

「いらっしゃい！」

にこやかに迎えられ、腰を下ろすと、さっそく海苔の空缶から海苔でない突き出しが取り出される。たとえば東京・新橋のケースだが、なにしろ幹線が集まるところの高架下であって、すぐ頭上を新幹線、東海道線、横須賀線、湘南電車、山手線がめまぐるしく走っている。モーターの音、ブレーキの音、車輪のきしむ音、線路のつなぎ目のひびきぐあい。その只中《ただなか》で、がんもの煮たの、スモークサーモンのオイル漬、自家製塩辛などをいただく。高架下という例外的な土地柄のせいか、メニューもいたって大まかで、あんこうの肝、笹かま、ぬた酢ミソ、チーズ梅巻き——何だってある。

上からの騒音はどうなったか？　大幹線網の真下はうるさいはずなのに、それがちっとも気にならない。隣席がいくら声高になろうとも、頭上の機械音が帳消しにしてくれる。さまざまな騒音が、それなりに調和のとれたハーモニーを奏でるなかにいて、そこはかとない旅情すら覚えたりする。

つまるところ安直型、流用型、入念型は居酒屋の性格を示すものではあれ、質に及ぶわけではないのである。さまざまなタイプがあるからいいのであって、安直型がものたりなければ入念型を訪ねればいいし、こちらで気疲れを覚えたら流用型に移るまでのこと。

懇意にしている店の主人によると、お通しの食べ方によって、お客の人となりがわかるそうだ。口数の少ない主人が何かのはずみに洩らしたところに多少のつけたしをすると、客のほうにもほぼ三つのタイプがある。

a　ひと口ポイ型
b　ねりミソ吟味型
c　賞讃絶讃型

ａは小皿の中身にいっさい関心を示さず、何であれひと口でパクリとやって、それでおしまい。ｂはソバ屋の突き出しに、よくねりミソが出るが、それを箸の先端でつつきながら飲むといったタイプ。何であれ、ほんのちょっぴりずつ口にして、突き出しだけでお銚子二本をあてたりする。ｃはやたらにホメるタイプで、はては味つけの秘訣《ひけつ》を問いただしたりする。前夜のあまり物に酢をきかしただけだとは言いにくいのだ。

客が突き出しによって店を判断するように、亭主もまた小皿を仲立ちにして、さりげなく客を見ている。和製オードブルが微妙な機能になっていることがうかがえる。

となれば、値づけをされていない点が、あらためて意味をおびてくるのではあるまいか。あらゆるものが金銭に換算される世の中にあって、あの小皿の一品は堂々と、この世に金銭で計れない何かがあることを示している。

わが懇意の主人によると、自分の得意の突き出しに対して、口に入れ、ゆっくりと味わい、チラリと目をやってくれる客が最高だそうだ。むろん、そのあとよく飲み、しっかり注文をしてくれての話である。

おでん恋しや

おでんはたいてい居酒屋のメニューに入っている。湯豆腐や豚の生姜《しょうが》焼と同類の一つであって、この場合は一皿五品入り、タネはおまかせといったケースが多い。豚の生姜焼に注文をつけたりしないのと同じである。

これに対してメニューのなかのおでんの比重がグンと高いか、かぎりなくおでんに特化した店がある。俗に「おでん屋」とよばれる居酒屋であって、おでん鍋《なべ》をまん中にして、二方あるいは三方にカウンターが控えている。タネはどっさり、おのずとあなたまかせでなく、「豆腐とツミレとはんぺん」などとア・ラ・カルト式に注文する。

関西の生まれ育ちの人ならごぞんじだろうが、西ではおでんというと「みそ田楽」のことであって、しょうゆで煮たものは「関東煮《だき》」といった。声に出すとカントウの「ウ」が落ちて、カントダキ。これが煮込みおでんのこと。

関東のおでんは、もともとは串刺しにしたコンニャクをしょうゆだけで煮た辛口のものだったらしい。それがしだいにタネがふえて、味のほうも砂糖を加えたり、塩味であっさり系にしたり、ダシをきかせたりして多様化した。だからおでんに特化した店では、キャッチフレーズ風に味づけの方向と考えが明示されているものである。

「関東風おでんの本流」

「洗練されたうす味おでん」

「歴史と伝統のおでん」

湯気の立つのをフーフーいいながら食べるのがふつうであって、もっぱら寒い季節の食べ物だったが、当節は冷房がいきわたっているので、年中おいしくいただける。特に夏用に「冷やしおでん」という革命的なものもあらわれた。単にさめたのを出すのではなく、いちど味づけしたのを冷やしておく。おでんは通常なら品うすになると鍋に継ぎ足していくが、冷やしおでんの場合はそれができないので、売り切れるとおしまい。

大根、コンニャク、玉子、ツミレ、はんぺん、焼ちくわ、さつまあげ（ゴボー巻、イカ巻）、厚あげ、がんもどき、焼豆腐、じゃがいも、タコ足……。

おもえば世にも奇妙な光景である。平べったい大きな金属鍋の中に、おでんダネが並んでいる。大根なら大根、コンニャクならコンニャク、がんもはがんも同士、おおざっぱに鍋を区分けして、同一品目が集めてある。さながらおでん軍団が小隊に分かれて整列しているぐあいである。

家庭料理にも、おりおりおでんが登場するように、いたって経済的な食べ物なのだ。一品ずつのタネの値段はほぼ知れている。家庭のおでんと区別するため、店では豆腐が特製で、ツミレにゆずの風味が加えてあって、関東風出汁《だし》にしても、コンブやカツオ、鶏ガラで味づけがしてあったり、いろいろプロとしての工夫がほどこされているが、それにしても値の張るものではない。おでんはいたって民衆的な食べ物なのだ。

カウンターで鍋を囲む構造からして中身が客の目にさらされている。メニューが壁に下がっていても、大半の客は目の前の実物を見ながら注文する。この点ではすし屋と似ているが、すしの場合は値段を勘案しながら、おっかなびっくりに注文したりするのに対して、おでんではその恐れがない。三つばかりあげたあと、さらに「ゴボー巻も入れといて」とか、わりと気軽に追加する。商品を全面的に公開している点でも、おでんはすこぶる民衆的といえるだろう。

いろんなタネを、いっしょくたに煮るだけだから、たいして手がかからない印象を受ける。たしかに家庭料理ではそうかもしれないが、レッキとしたおでん屋ともなると、けっこう厄介な料理なのだ。というのは、おでんダネそれぞれの食べごろが煮え方、味の浸《し》み方と密接にむすびついており、さらにこまかくいうと大鍋の火力のあたる位置によっても煮え方、味の浸み方が微妙にちがってくる。同じタネが小隊形式で区分されているのは、注文に応じて取り出しやすいこと以上に、それぞれの味の浸みぐあいと関係しているせいである。それはタネの特徴によって、ほぼつぎの三種に分かれるのではあるまいか。

A　煮るほどに味が出るもの

B　煮すぎると味が死ぬもの

C　煮てはいけないもの

煮ものであるおでんに「煮てはいけないもの」があるのはへんかもしれないが、たとえばタコ足などは煮える手前にとどめるのがいいようだ。へたに煮るとタコ足がゴム足になって、舌ざわりが悪いし、いつまでも噛みきれない。じゃがいもはAに入るだろうが、うっかり煮すぎると、取り出すときにこわれてしまう。もし鍋の中でこわすと出汁がにごって、ほかのタネを台なしにする。

だから主人は客の相手をしながらも、たえず目を光らして煮えぐあいを見はからっているものだ。おでん軍団を見張っている司令官である。ときおり注文にかかわりなく、長い箸ではんぺんをつまみ出して、べつのところに移したりしているのは、鍋の中の位置と火力、それに煮えぐあいを見定めての配置換えであって、経験をつまなくては正確な判断が生まれない。

そのせいか、おでん屋の主人は、いかにも年季をつんだ年輩が多い。女性の場合はエプロンがよく似合う中年おかみである。白髪のじいさんとなると、おでんの味が一段と深まる気がする。おでん屋に若主人は合わないだろう。ここでは人間の煮え方、味の浸み方がモノをいう。

あつあつがおいしい食べ物であれば、一皿三品程度にかぎり、食べ終えると、あらためてまた一皿と注文する。タネの選択にも、ほぼ三通りがありそうだ。

a　平等型
b　偏愛型
c　まぜこぜ型

注文のつど、まんべんなくちがった品種にするタイプがaであって、bは大好きなタネをくり返すケースである。cは平等を装いながら、三品のうちにきっと一つの偏愛ものをしのびこませる。

ちなみに私はおでんの中では、とくにちくわぶが好きであって、おおむねcのスタイルをとり、つねにちくわぶは欠かさない。わがいとしの食べ物の一つである。それにしても、どうしてちくわぶがいとしいのか？

まず正体のさだかでないのがいい。名前からわかるように、ちくわと「ふ（麩）」の合体モノである。誰が考案したのか知らないが、大胆なことをしたものだ。形はちくわにして、正体は麩のごとし。しかもおなじみの麩ではなくて実体はメリケン粉である。昔の代用食に「すいとん」というのがあったが、汁に浮かんでいたあのメリケン粉のかたまりとそっくりなのだ。

つぎに合体モノのせいか形がたのしい。ちくわを模したからには、ちくわの形をしていて、まん中にちくわと同じく穴のあいたのと、穴がなく渦巻きの色模様をあしらったのと二種類ある。よけいなことかもしれないが、「ちくわ」を名前に含むからには、穴のあるほうが望ましい気がする。ちくわは穴がおいしいのだ。

形はちくわでも、太くてヴォリュームがあるので、一本を三つか四つに切って鍋に入れる。正確に等分するというより、切る人の気分に左右されるらしく、日によって多少の大小があるようだ。切り方は垂直ではなく、はすに切ってあって、そのため胴はギザギザ、切り口は楕円、穴あきだと、まん中にまん丸い穴が見える。複雑な形がきちんと統一感を保っている点でも、きわめて独創的な食べ物である。

さらにちくわぶの最大の特色であるが、それは何よりも色にある。モチのように白いが、むろんおモチではなく、不透明なあたたかみをおびた白さであって、それがお汁に染まりエナメル色をおびてくる。エナメル一色というのではなく、お汁の浸みかげんによって最初はクリーミーな色、つぎにエニシダ色。さらに売れ残って、いつまでも鍋にいると、洋ガラシのような灼《や》けた茶色になる。ウブな娘が浮世の波にもまれ、いつしかアバズレになるのと同じであって、ちくわぶは実のところ、人生そのものの比喩《ひゆ》ともなるような意味深い食べ物なのだ。

しかも全部が一色に色づくとはかぎらない。鍋の中の定められた位置によって、下半身はエニシダだが、上半身は白いままといったこともある。厳密にいうと白いままではなく、湯気をあびて淡いピンク色に染まっている。フランス人なら「フラマン・ローズ」というのではなかろうか。「フラミンゴのバラ色」であって、こんな芸当ができるのは、おでんダネ多しといえど、ちくわぶだけのこと。

「ハイ、ちくわぶ、どうぞ」

上気した女性の上半身と対面する。ポッテリとしていて、なんともなまめかしい。喉をこすときの重いような量感は、ちくわぶ独特のものであって、待ち受けた胃袋へ、やや肥満ぎみのわが身を恥じらいながら入っていく。ちくわぶはまったく、リチギで、やさしく、やわらかい女性のようだ。

わが偏愛のちくわぶをはじめとして、おでんは多くがデンプン質の素材であり、着実に胃袋を満たしていく。だからおでんを食べながら人事をいじったり、社長追い落としを画策したりなど、とてもできない。芥子《からし》をつけ熱いのをフーフーしたり、モグモグと咀嚼《そしゃく》してゴクリと呑みこむときの顔つきにしても、これはいたって平和な、幸福な食べ物である。おでんに特化した店は「お多幸」「かめ幸」「やす幸」といったように「幸」の字のつく店が多いが、はからずもおでんの特質をよくあらわしている。

別格御三家のこと

フグ、ウナギ、ドジョウ——ひそかに「別格居酒屋御三家」と名づけている。のれんのぐあい、店のつくりと構造、おおかた裏通りにあって、親父が包丁を握り、おかみさんが「あいよ」と皿を運ぶところなども、すべて居酒屋的であり、居酒屋の条件をみたしているが、しかし、何かがちがうのだ。

たしかにフグなりウナギなりドジョウなり、扱う品目の特化のぐあいがちがっている。一品の比重が極度に高い。だが、その点でいうとおでんのケースとそっくりなのに、にもかかわらず御三家はおでん屋とは、どこかはっきりとちがうような気がする。

そういえば、のれんがちがいを主張しているようだ。ほんのちょっとした相違であって、ふつうは目にとまらない。布に染めつけて、入口につるしているのは同じだが、よく見るとフグは「ふぐ」ではないのである。「く」がタテに二重になって「く」のかたち。これに濁点がつく。ウナギは「うなぎ」ではないだろう。「な」ではなく「ゟ」が使ってある。ドジョウは「どじょう」ではなくて「どぜう」。

どうしてこのような表記になったのだろう？ 縁起をかついだのが始まりだったとか、旧カナのをそのまま使っていたとか、しかるべき理由はあるのだろうが、いまなおあえて変更しないところが、しかるべき自負なり誇りなりをこめてのことなのではあるまいか。京都には山門に大きく「別格本山」の四文字をいただく寺があるが、あれと同じで、見たところは居酒屋であれ、ただの居酒屋ではないことを世に知らしめている。ヘンに誇り高い坊さんのように肩肘張って名のるのではなく、一字の表記をそっとちがえただけ。

ふぐでなくふぐののれんには、たいていかたわらに腹を大きくふくらましたフグが染めつけてあって、その腹のふくらみと、二重の「く」とがぴったり合っている。またウナギの「ゟ」の字は、ヌラヌラとのたくる習性の魚の姿をよくとらえているし、「どぜう」に「創業明治二十七年」などと添えてあると、ドジョウはどうあってもどぜうでなくてはならない。

自負とイメージとが微妙に呼応し合っているといわなくてはならないだろう。

意味深いのれんをくぐって店内に腰を据える。やがて再度、別格性を意識する瞬間があるものだ。親父のつくったものを、おかみや娘さんが運ぶ点では居酒屋そのままだが、親父がタダものではないけはいなのだ。そもそもフグは包丁さばきをまちがえると人命にさしつかえるような食べ物である。ウナギ職人は「串打ち八年、裂き二年、焼きは一生」などといわれてきた。小型ウナギというべきドジョウのさばき手にも当然のことながらあてはまる。つまり調理技術のなかでも、とりわけ特殊な腕が要求され、そのせいか店主は二代目、三代目といった人が多いようだ。刀鍛冶《かたなかじ》は代をかさねながら正宗の名刀をつくってきた。フグやウナギやドジョウの店に○○正宗といった酒をよく見かけるが、ここにもひそかな呼応があってのことかもしれない——。

以上、くどくどと述べてきたが、はたして別格の別格たるところをお伝えできただろうか？

ひとことでいうと、特殊技能者がいるかいないかのちがいである。おでんの煮えかげんをきちんと見定めるのは難しいが、幸いにもおでんダネはコンニャク、ちくわぶ、大根といったように物品であって、イキモノは扱わない。タコがお目見えしても、正確にはタコの足だけ。イボがあっても、それが吸いつくことはもはやない。おでん番に経験は必要だが、特殊技能までは要求されないと思われる。

ウナギ職人にいう「串打ち八年、裂き二年、焼きは一生」の修得プロセスの焼きに年限がついていないのは、それだけ難しいからだろう。ちなみにウナギの蒲焼《かばや》きにいわれる三要件にあって、「焼き上がりの美しさ」が第一にあげられる。焦げ目をつけないで美しく焼き上げるのは、プロでもすんなりとはいかないらしい。あとの二つは、「舌の上でトロリととける旨さ」「甘すぎないタレ」だそうだ。

とうぜん同じような不文律めいた技能修得心得が、フグにもドジョウにもある。マスターするのに一生かかるとすれば、やはり特殊技能というしかない。

つまり、そのような技能者が店にいる。そして特別のメチエをもった人におなじみだが、職人気質のせいか多少とも気むずかしい。へんくつといわれるタイプにあたる。ほんとうはへんくつではないのだが、一つの技能に徹していると、おのずと凝《こ》り性《しょう》の完全主義者となり、それが特別の印象を与えるわけだ。

はじめに述べたように、店のつくりはまさに居酒屋的で、カウンターに四人卓が一つか二つ、それに七、八人すわれる小上がり。フグの場合は二階に小部屋があって、詰めると十数人は入れられる方式が多い。

いずれにせよ小店であり、特殊技能者たる主人の個性が店内にしみついている。店に入ったとたん、何かがちがうと感じるのはそのせいである。

では、フグ、ウナギ、ドジョウに共通して、具体的には何がどうちがうのか?

1　注文に際して特殊な用語が用いられる。

2　注文の品がすぐには出てこない。

3　飲み物は日本酒が合っている。

1、2、3は別個にあるのではなく、緊密に結びついている。特殊技能者が担当する商品であれば、個々の名づけにも特殊な語彙が使われ、そういった食べ物の準備には時間がかかり、待っているあいだは飲み物でつなぐしかないが、そのためにはチビチビと舐《な》めるように飲むのが常道の日本酒が最適というものだ。

実をいうと、右の三点以上に御三家ならではのちがいがある。目に見えず、形にはあらわれず、口で言われることもないが、ふつうの居酒屋では見かけない一点であって、それも店側ではなく、客側に見てとれる特徴がある。

フグもウナギもドジョウも家庭料理ではない。たいていの人が食べなれていないし、おのずと店なれしてもいないのだ。店の前は毎日のように通っていたが、入ったのは初めて、あるいはせいぜい何年か前に一度だけといった人がおおかたである。

にもかかわらず、いざ入るとなると、なぜかたいていの人が食べなれているふりをする。通とまではいわないにせよ、おなじみといったポーズをとる。そして五年前に一度だけの人が「わりとよく来る人」となり、おのずと順に格が上がって、三年前に二度目だった人が「のべつ食べている人」になる。なぜそうなるのか、考えてみると不可解にせよ、客にそんなふうに仕向ける力のあるところが別格居酒屋の威光かもしれない。

店で使われる用語についてだが、フグはフグちり、フグ刺し、シラコ（白子）。フグにトラフグが加わると、トラちり、トラ刺し。

ウナギの場合は蒲焼き、白焼き、卵焼きでウナギを巻いたのがう巻き。小ぶりのウナギを大皿に並べて出すのがイカダ。ウナギの大小によって大串《おおぐし》、中串といったりする。

ドジョウでは骨のついたまま鍋に入れるのが丸煮（通称、まる）、骨をとったのがぬき鍋。ウナギと同種のイカダもある。

ごらんのとおり、特殊技能者の店にしては、しごく単純であって、そのため略した言い方をされる。

「ちりですか、さしですか？」

「ヤキますか、シロですか？」

「まるですか、ぬきですか？」

店側からすると、単純明快なので略したまでだが、客側はそうはいかない。そもそも五年前に一度、三年前に二度目は、場なれして略語を使いこなすのに十分な頻度とはいえないだろう。にもかかわらず「わりとよく来る人」「のべつ食べている人」が即座に返答をせまられる。

「ちりね、ちり」

「シロでちょうだい」

「やっぱりまるだなァ」

骨が軽くノドに当たるところがなんともいえない……。

ひとり酒のときなど、待ち時間にそれとなくまわりをうかがっている。客の気どりをサカナにできるのが、ひとり酒のいいところなのだ。しかし、まあ、おいしいフグやウナギやドジョウを食べに寄ったのだから、意地悪な目ですごしてみてもつまらない。

ときおり出かけるフグ屋だが、入口のわきに自転車が立てかけてある。いまどきめったに見ないタイプで、たしか昔は「重荷用《じゅうかよう》」と呼ばれていた。車体が頑丈で、タイヤが太く、荷台が大きい。その荷台にタイヤのチューブがとりつけてある。予備ではなく紐《ひも》の代わりで、木箱を積み上げ、チューブをうんとのばしてキリリとはめこむと荷台が安定する。かつてはどの店も魚河岸通いはこのスタイルだった。それを三代目の特殊技能者がこともなげに守っている。こういう店ではきっと、安くて旨いフグにありつける。

御三家を訪ねるときは、なるたけ早めに出かけ、のれんが出る前の店先を、少しはなれたところからながめている。白い割烹着の主人がバケツをもって出てきて、中腰で水をしゃくって打ち水をしている。開店前の儀式のようだ。イガグリ頭に白手拭いでキリリと鉢巻をしている。水を打ち終えて腰をのばした。

町内をひと廻りしてもどってくると、紺地に白く染め抜いたのれんがひるがえっている。いかにも別格本山にお参りするここちである。

とっておきを考える

スペインのハモン（生ハム）は有名である。世界中の食いしん坊がよく知っている。当然のことながらマドリッドであれバルセロナであれ、あるいは地図にも出ていないような小さな町であれ、スペインのバル（居酒屋）のおやじはハモンをそなえている。味覚において同業者としのぎをけずり、ほんの一ミリでも抜きん出たとっておきを用意している。

正確にいうと「ハモン・デ・ベジョータ」といって黒豚の生ハムである。ハモン・セラーノ（白豚の生ハム）ではない。さらに同じ黒豚でもイベリア種といわれる飼育のものではなく、半野生で放牧して、主にドングリの実を食わせて育てた黒豚にかぎる。だからちゃんとした店ではメニューにも、「ドングリのハモン」、「イベリア種のハモン」と別立てにしている。どうちがうのか？　スペイン暮らし三十年に及ぶ画家堀越千秋《ほりこしちあき》氏によると、食べてみればすぐにわかるそうだ。

「とろけるようで、何ともいえない香りが口中に残れば、それが「ドングリのハモン」である」（『絵に描けないスペイン』幻戯書房）

スペイン料理の前菜にはカツオの生節《なまぶし》にあたる「モハマ」、マグロのカラスミの「ウエバ」、あきれるほどどっさりあるチーズ、小さいパン切れにアンチョビをのせた一品など、いろいろとそろっているが、最後のキメ手はハモンであって、店主は全身全霊をあげて吟味するという。

日本の居酒屋の場合、スペインとはやや事情が異なるだろう。大陸の出っぱりであるイベリア半島とちがって、こちらの島国はモンスーンの北限にあり、定期的に台風と雨期がめぐってくる。山野は猛々しいまでの草木に覆われ、野の幸、海の幸、川の幸の多種多彩ぶりは大西洋や地中海沿いの国の比ではない。ハモンという国民的前菜は知らなくても、店主苦心の一品料理は星の数ほどに及んでいる。

もうトシだといっておやじが身を引いて以来、とんと口にしなくなった一つに車えびの塩焼きがある。ながらくその店のハモン・デ・ベジョータだった。小ぶりは四匹で一皿、少し大きめだと二匹。金串にさして焼いたのが出てきた。気のせいか海の香が漂ってきた。むろん、頭つきでヒゲがピンとのびていた。

知られるようにえびは腐るのが早い。腐敗は頭からはじまる。鮮度に自信のないところは頭をとって焼く。そんなかかわりから知ったのだが、カッパえびせんが登場して、たちまち市場を席巻《せっけん》したのは、頭つきの小えびをつぶして、混ぜて揚げたからではなかろうか。獲《と》ってすぐ船中で冷凍したのだろう。頭つき小えびを思いついた社員は、もしかすると金串焼きの車えびの頭の旨さを居酒屋で知ったのかもしれない。

「とりあえず、揚げ豆腐」

べつの店だが、おしぼりで手を拭いながら、まず声をかける。主人が創意工夫した一品で、見たところふつうの揚げ豆腐だが、当人が生の豆腐を厚揚げ風に揚げ、ヤッコに切って出す。つけ汁の味が絶品だ。そもそもつけ汁に凝る店はめだたないところに気合いがこもっていて、うれしい店なのだ。そこではカツオのたたきにかける酢味の汁を、半年ちかく寝かしている。土佐生まれの主人は幼いときに母親からおそわったという。そんなふうに寝かせると、ツーンとくる酢の香がいいぐあいに「こなれる」らしい。

突き出しは盆にのった小皿四品という店がある。創業以来のやり方を、おやじを継いだ息子が踏襲している。代がわりすると品目、また味がかわるものだが、その点でもそっくりおやじゆずりで、鰯《いわし》のつみれ、もやしのみそ和《あ》え、キュウリの酢和え、茹《ゆで》アスパラのマヨネーズかけ。山海の幸が上手に選びとってある。四品が日がわりで、エノキ茸がキュウリにとってかわったり、チビっこの野菜天がのっていたり、蛸酢《たこす》がおめみえしたり、しらすおろしが加わったり。突き出しだけで十分に飲めて、うっかりすると出来上がってしまい、食い逃げ同様においとましたこともある。

わがつたない見聞にみるかぎり、居酒屋的とっておきの特性は、ほぼ三種に分かれる気がする。

A　素材性
B　郷土性
C　工夫性

Aは頭つき車えびのようなケースであって、素材の鮮度が売りであり、それを維持するだけの仕入れのルートをもっている。おやじの前歴なり、血縁、交友なりと関係していて、金を出せばできるというわけではない。私的な要素が強いせいか、ルートをたずねてもムニャムニャとけむに巻かれる。

「まあ、ちょっとしたところから……」

相手がうつむいて調理にかかったら、詮索《せんさく》打ち切りがエチケットというものだ。

Bは産地を故里にもつ強みで、そこから直送されてくる。当今はトラック便がゆきわたって郷土性がうすれてきたが、それでも主人、あるいはおかみさんの郷土からと聞くと、同じヤリイカでも身の透《とお》りぐあい、光りかたがちがってくるようだ。ハタハタの煮つけの脂の乗りがダンちがいだ。

「おっ、茶色の枝豆」

庄内《しょうない》産で、土地の言い方はダダチャ豆。こってりしていて、豆の香りが強烈だ。おかみさんの東北なまりの応対が、いっそうひなびた味つけをしてくれる。

Cは生の豆腐の厚揚げ風と絶妙のつけ汁のケースである。なけなしの資金で店をやるからには、どの店もCはふんだんにそなえていて、寄り道のつど、それぞれの工夫がたのしめると思いがちだが、居酒屋を巡っているとわかってくる、実をいうと必ずしもそうでもないのである。世の中には工夫性をまるきり欠いた店が少なくない。昼ちかくにいやいや起きて、ただ習慣から仕入れにまわり、おもしろくもない顔でのれんを出して、あくびをしながらガスに火をつけ、数日来の売れのこりをクンクンかいでから鍋に放りこみ、適当に火を通して――ま、これ以上はやめにしよう。ところで労働意欲のなさが閑古鳥に結びつくかというと、これまた必ずしもそうではなく、それ相応の常連客にめぐまれ、長い目でみればずっと下り坂ながら、おやじ一代はなんとかしのげるといった店がわりとあって、縄のれんだけではわからない。かりにいえば防腐剤の臭いのするワカメとか、景品ものの灰皿が識別法の一つではあるまいか。

いい居酒屋では防腐剤ではなく季節の香りがする。ウドは「独活」などと難しい漢字をあてるが、山ウドのとり立てともなると、さながら独立自尊を体現したごとし。主人の弟が先祖の山里を守っていて、春の便りのようにして送られてくる。三杯酢、みそ和え、すまし汁の実にもいい。飯蛸《いいだこ》やサワラと炊き合わせると、高級料理といってもおかしくないのである。

雨の多い島国はセリのような香辛野菜に恵まれている。セリのおひたし、煎《い》りゴマ和え、粉末落花生のふりかけ、一握りのカツオぶしを添えただけでも立派な一品物だ。ドングリ黒豚が目を丸くするような前菜ができる。

湿地や渓流に生えていたのをちぎってきただけなどと思ってはならない。野生のセリはかたくてアクが強く、客に出せるしろものではない。ものの本で知ったのだが、商品としてのセリは、たいへんな手間がかかる。春の終わりに古株を植えつけ、夏になって一メートルばかりにのびた茎をとり入れる。株元でそろえて日陰につみ上げ、冷水をかけて発芽させる。やがて葉が出て白い根がのびる。これを中指ほどの長さに切って、八月から九月初旬、水田に植えつける。生長に応じて水かげんするのはいうまでもない。とり入れは因果なことに冬ときている。十一月から年をこえた三月までに根ごと収穫して出荷する。寒中の作業に骨のしんまで冷え上がる。

淡い緑のいろどりでいうとフキもあげたい。

「春は苦み、夏は酢の物、秋辛み、冬は油で合点して食え」

これも本でおそわったのだが、和歌に託した訓《おし》えがある。蕗《ふき》の薹《とう》にはじまって、広葉まで、日本人は年中お惣菜《そうざい》として食べてきたのだろう。

夏のミョウガはスペインでいうとサフラン、イタリア料理のバジリコだろうか。刺身のつま。刻んで晒《さら》してソーメンやソバの薬味。いまは亡き老主人はさっと熱湯にくぐらせ、すぐに冷やして三杯酢にしてくれた。八丁みその和え物のときもあった。ぬかみそにつけ香の物に仕立てたこともある。「ミョウガを食べると物忘れをする」という古説を呟きながら、夏のしるしのようにミョウガを出すのを忘れなかった。

老主人はまたラッキョをうまいぐあいに生かしていた。

「この白さがたまりませんね」

小皿にのせたのを、しばし眼鏡ごしにながめていた。塩漬け、甘酢漬け。いや、それだけではない。いちど引き上げ、秘伝のタレのなかにひたしたらしく、さわやかな甘酸っぱい、暑気をサッと消し去るような味わいがした。納豆にそえて粋な突き出しにしたこともある。カレーライスのつまや漬け物のあしらいには、もったいない。白い裸身の美女だった。

口がしびれるような夏ダイコン。冬には焦げ茶色に煮こんでフーフーいいながら頰《ほお》ばった。東京のお年寄りはダイコンひとつにも、練馬、亀戸《かめいど》、三浦、高倉《たかくら》などと産地に分けて述べそうだ。生でよし、おろしてよし、煮てよし、漬けてよし。カラッ風が吹くころ、露地に入るとダイコンを煮るコトコトという音と、何やらなつかしい匂いが流れてきた。

いまや年中、何だって食べられる。寒中のタケノコは親孝行の喩《たと》えになったが、当節は台湾物が堂々と出まわっている。いつでも、何でも口にできて、はたして幸せなのか？　食べ物に季節がなくなり、日本の居酒屋はとっておきのハモンを失ったのではなかろうか。

珍味について考える

塩辛《しおから》をなめながらチビリチビリと酒を呑む。若いころ、そんな酒呑みを見るたびに首をひねった。何がたのしくて、こんなせこい呑み方をするのだろう？　箸の先っぽをチョイとなめては、お猪口《ちょこ》を口に運ぶ。かわりばんこの手の動きを、昔の人は子供の遊戯になぞらえて「イタチごっこ」といったようだが、まさにイタチ式の呑み方である。それにイカの切れはしだか何だか、しょっぱいだけのしろものであって、塩の辛《から》みをサカナにしているしみったれ――。

中年すぎたある日、自分が塩辛をなめなめチビリチビリやっているのに気がついた。いつのまにか塩辛が、魚の腸《はらわた》や卵巣《らんそう》を塩漬けにして、醗酵《はっこう》させたものであることも知っていた。かつては「魚醬」と書いて「なしもの」とよんだというから、「馴《な》れ味《み》」を賞味するとされたのだろう。箸の先に馴れた味を移しとって口に運ぶのはしみったれではなく、いたってオーソドックスな「食べ方」なのだ。

居酒屋のメニューでは、たいてい「珍味」のところに入っている。塩辛というのは総称にあたり、店によっては総称を省いて個々の品目が掲げてある。よく目にするのが「酒盗《しゅとう》」だろう。カツオの腸の塩辛であって、数え方は「一本」という。物知り客は注文のとき、それとなく名前の講釈をまじえたりする。

「酒を盗んでも呑みたくなるほど旨いってねェ」

通説はそうだが、どうもそうでもないようだ。書物で知ったのだが、酒が馴れ味の旨みを盗み、馴れ味が酒の旨みを盗む。両者がたがいに盗み合うおもしろさをこめたのが酒盗だという。なるほど、こちらは通説より何倍か意味深い。たかがカツオの腸にこれだけ含蓄のある用語をあてるところが、酒呑みの世界のふところの深さというものである。

イカのワタと肉の塩辛が赤づくり。一般に塩辛といえばイカの塩辛と思われるほどおなじみだ。赤づくりにイカ墨を加えたのが黒づくり。メニューにはほかにも、いかにも珍味にふさわしいマカ不思議な名が並んでいる。

　このわた

　うるか

　きりこみ

　めふん

　このわたはナマコの塩辛のこと。ナマコのワタを熟成させる。「ナマコのワタ」の上の二字を省いたわけだ。うるかはアユの卵と腸の塩漬け。きりこみは主にアワビのワタと肉からつくる。めふんはシャケの背ワタ。へんな名前だが、小皿にのって出てくると、いかにも「めふん」といった感じがするものである。

　店によっては珍味の項にクジラのペニスとか、イナゴの黒焼きとか、ハチの子が並べてあって、何やらゲテモノ感をただよわせ、注文のときに気おくれを感じる向きもあるだろうが、大きなまちがいである。珍味こそ居酒屋文化がはぐくんだ特上品であって、料理屋ではいただけない。ちゃんとした割烹の献立についぞ見ないものなのだ。

　それもゲテモノだからではない。なかんずく旨いものであって、板前がどんなに手をつくしても珍味にまさる料理はつくれない。だからもし珍味を献立に入れようものなら、ほかの料理が食われてしまう。

たしかそのように聞いていていたが、先般、招かれて名の知れた料理屋に上がったところ、先付けにこのわたが出た。うっかり「居酒屋の一の友です」などと口をすべらせたので、年輩の仲居さんが、あわてて取りつくろうようなことをいった。もしかすると、あとで板前さんが大目玉をくらったかもしれない。

料理屋体験がいたって少ないのでしかとしたことはいえないが、格の高い料理屋では、決してメニューにのせないのではあるまいか。そのかわり土産に持たせたりする。貴重品のように小さく、ものものしく包装して、細い紐がつけてある。

「お早くお召し上がりを」

幹事とおぼしき人物に秘密めかして耳打ちする。料理屋の番頭をしていた人に聞いたのだが、からすみとかこのわた少量であって、なんてこともないオマケである。早い召し上がりを耳打ちすると、よその店に寄り道しないで、まっすぐ帰宅する効用があるとのことだった。

上野の裏通りに、客の大半が塩辛をなめなめチビリチビリという店があって、当然のことながら珍味メニューが充実している。

からすみ

くちこ
ひだら

ボラの卵巣によるのがからすみ。ナマコの卵巣を塩干物にしたのがくちこ。ひだらは「干鱈」と書いて、読んで字のごとし。シャケの塩引はごぞんじだろう。あれと同じで、いずれも塩を引いて乾燥させ、干物にした。こちらは「からもの」とよばれ、塩辛グループの乾燥させずに漬けこんで醱酵、熟成させた「なめもの」と区別される。ともに塩でもって保存のきくように工夫した点は同じであって、つまりは塩からものである。それが「からもの」と「なめもの」に分化した。

「がんづけ、おくれ」

笠智衆《りゅうちしゅう》が演じた寅さん映画の「御前様」そっくりの人が、ポツリとおっしゃった。なめもの系の一つで、カニの肉と殻を使った塩辛だそうだ。それにしても「がんづけ」とは奇妙な命名である。しかるべき業界で「がんをつける」は、何か含むところがあって相手の顔をじっと見つめることをいうようだが、ことによるとカニの突き出た目が、がんづけの由来ではあるまいか。

若いころは塩辛なめなめをイタチごっこのせこい呑み方としか思わなかったが、とんでもない、単調な手の動きと酒の力があいまって、脳を活性化する。チビリとともに遠い昔の初恋の人が思い浮かんだり、つぎのチビリでとっくに死んだ人が頭をかすめたりする。常連客は誰もがいくぶんか御前様タイプで、呑みほすと口をつぐんでいる。ついで箸先をモグモグ。見たところ名実ともに枯れはてたふぜいにせよ、御前様の胸中、また脳裏にも、どのような艶《つや》っぽい情景がめぐっているともかぎらないのだ。

料理の世界で「日本三珍味」とされるものがある。

肥前《ひぜん》のからすみ
越前《えちぜん》のうに
尾張《おわり》のこのわた

この手の常であるが、江戸の通人が選定したと思われる。またこの種のものに通例だが、中国物をお手本にした。中国三珍品はフカのヒレ、アワビ、ツバメの巣。そういえば『竹取物語』では、かぐや姫との愛の成就の条件に、ツバメの子安貝を持参するのが入っていたと思うが、それだけ手に入れにくいので珍重されたのだろう。

とすると正確にいうと珍味にあたるのは、からすみ、うに、このわたの三つだけであって、ほかは「からもの」か、「なめもの」かのどちらかになるのだろうが、居酒屋はべつにそんな区分に頓着しない。「珍」のけはいがありさえすれば珍味に分類するようで、当今は珍味が氾濫《はんらん》している。先だって何となく寄り道した店の壁メニューにあった。

脳みそ焼

流れ子煮付

ごぼうの唐揚げ

チーズぺったん焼

いずれも上にカラーマジックで「珍味」と振ってある。たしかに脳みそや流れ子は、えたいが知れない点で「珍」にちがいなく、ごぼうが唐揚げになるとは思わなかった。チーズの「ぺったん焼」とは何であるか？　おかみさんにたずねると、チーズをフライパンでぺったんに焼くという。主人のアイディアで、味が上等のかまぼこに似ているとか。ためしに食べてみたが、ぺったんにする際に多分の香辛料が使われるとみえて、ただ辛いばかりで上等のかまぼことはかぎりなく遠かった。

珍味をたのしむのは、やはり御前様御用達《ごようたし》的居酒屋にかぎるようである。高齢組が居すわったしめやかな店でも、ときおり話題が盛り上がることがあって、そんなおりに聞き知ったのだが、昔の待合《まちあい》は必ず塩辛を出したそうだ。

いまや「待合」といっても何のことかわからない人が多いだろうから、先に辞書をかりると、①互いに待ち受けること（所）、②客が芸者などを呼んで遊興する所（『新明解国語辞典』）。居酒屋の使用法はもとより②のケースだが、こまかくいうと「芸者など」の「など」に関連していて、相方はプロフェッショナルにかぎらなかったらしいのだ。要するにワケありな男女の会合のための場を提供する。部屋貸しだけでは利が薄いので、食べ物、飲み物を出す。そのときの料理は塩辛が定番だった。

「ナールホド」

目からうろこが落ちる思いがした。待合というシステムと、それを必要とする男女の生理にピッタリの料理なのだ。いっときそこで過ごすにあたり、本格的な料理を出されると、そちらに気がいって雰囲気がそがれるし、また満腹などは願っていない。微妙な時間の潤滑油になりさえすれば用が足りるのだ。待合側にしても、塩辛なら貯蔵品を小皿に盛るだけ。手がかからないわりに珍味として法外な価を請求できる。

あらためてなめなめチビリチビリの呑み方を観察すると、どことなくいかがわしい雰囲気がなくもない。これを「なめもの」と名づけたのは、この上なく的確に商品のひそかな性格をあらわしていた。

Ⅲ　呑む歓び

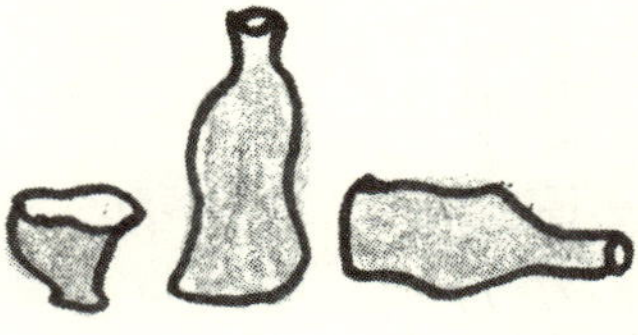

注ぎ方教室

「お飲み物は？」

たいていの人が、まずビールである。暑い盛りはとくにそうだが、暖房完備の現代では年中変わらない。それにビールは奇妙な飲み物であって、寒いさなかにふるえながら飲んでも、最初の一杯はやはりうまいのだ。冷えきった水など、とても飲めたものではないのに、冷えたビールはちゃんと飲める。

「さしあたりおビール……」

わざわざ「お」をつけたりするのは愛称に類しており、それだけ日ごろ親しんでいるからである。

「ひゃー、うめーなァ」

ゴクリとひと飲みしたあと、まず嘆声をもらし、ついで手の甲で口元をひと拭い。そんな声や仕ぐさからわかるが、これはいたって平和な飲み物であって、ビール好きは善人にちがいない。腹に一物ある人は、たぶんこんな声を上げたり、手の甲をナプキンがわりにしたりしないだろう。ライバルの追い落としをくわだてたり、よからぬ画策を弄《ろう》するようなときの飲み物にビールは合わない。

「……エート、ビールのお代わり！」

ほんの数分で白い泡とともに健康な胃袋に吸いこまれ、せっかくの密議を中断させる。だからこそわが国で、おりにつけ見かける風景が不可解というものだ。

「ハイ、どうぞ」

主人なり、おかみが口切りのサービスに注いでくれる。それはいいのだが、わざわざ相手にコップを傾けさせて、そろそろと注いでいく。まん中が細まってバランスの悪い、気どったコップを常用している店にとりわけ多い。泡が立つと、「アラ、失礼」などと謝ったりする。

まちがったビールの注ぎ方であり、まちがったビールの飲み方である。ビールの本場ドイツのレストランで、給仕の手つきを見ているとよくわかる。瓶《びん》をグイと持ち上げ、派手に泡をつくっていく。泡の立ちぐあいを見て中断し、少し間をとりながら何度かに分けて注ぐ。生ビールの場合、奥でボーイが似た手続きをしている。けっこうヒマがかかるのはそのせいであって、ビールの泡を切りながらジョッキに注ぎたしていく。泡で量をごまかしているなどとカンぐる向きがあるかもしれないが、容器に細い線が刻んであって容量が明記されており、そこまで必ず黄金色で満たしてくる。その上に王冠のような泡を立てるのがプロの腕なのだ。

単なるお飾りではなく、科学的にも、しかるべき理由にもとづく手続きである。ビールにはガスが含まれている。腹にたまると「グビッ」とくる例のものであって、泡を立てながら注ぐことにより、適度にガスを抜いている。それをしないと胃に入ったあと、ガスがたまってお腹が張ってしまう。

もう一つ、ビールのホップには本来、ツンとした味がある。泡でもってそれが吸いとられ、はじめて爽《さわ》やかな飲み物になる。腹にもたれず、いつまでもおいしく飲める。中細の気どりグラスで泡なしビールを飲むと、たかがビール一本でお腹が重くなり、不快な満腹感を覚えるものだが、腹部がガスで充満した地下室のような惨状に陥ったせいである。

ビールは泡がうまいのだ。ふんわり盛り上がった白い泡が、美しい花弁のようにビールの「いのち」をつつんでいる。庭の花とちがい、この花づくりは簡単にできる。要するにドンと置いたコップの上、およそ一五センチばかりのところから、いせいよく注いでいく。こぼしそうな気がしたら、はじめはコップの上端すれすれに瓶の口をつけ、注ぎながらゆっくりと瓶を持ち上げればいいだろう。泡があふれそうになれば、少し待って少しずつ注ぐ。これを三、四度くり返す。

泡の変化の見わけがついてきたら、花づくりの腕が上がったとみていい。大きな泡つぶだったのが、しだいに表面の泡がこまかくなり、さらに微細になってクリーム状を呈してくる。大つぶの泡はつぎつぎにはじけていくが、クリーミーな泡はけっこう強くて、なかなか溶けない。これがビールを酸化から守ってくれる。だから、泡の余地のないラッパ飲みとか、缶ビールを缶から飲むのが、いかにまずいビールになるかおわかりだろう。

日本にいてドイツ産のビールやベルギービールをありがたがる人がいるが、まちがった考え方であって、おおかたの食べ物とひとしく、ビールもまたつくりたてがいちばんうまい。だから日本にいるかぎり、日本のビールが最高である。地ビールの良さも、その土地で出来たてにありつけるからで、沖縄へ行けば沖縄産オリオンビールというわけだ。

ビール瓶にはレッテルがついている。それがやたらにものものしい。老舗を誇る会社の伝統的ビールともなると、レッテルが王家の紋章じみたデザインにしてある。

明治の御世にドイツ・ビールを手本にした名ごりではあるまいか。ドイツではビールづくりが王家と深くつながっていた。たいていは修道院がはじまりで、やがてそれが宮廷御用の醸造所に格上げされた。王家は特許を出したしるしに紋章の権利を与え、何かにつけて庇護《ひご》をした。そのかわり、ごっそりと酒税を課して売り上げの上前をハネた。

現在は国家がそれをしている。ビールと酒税と国家財政に関しては、王家の時代のやり方が二十一世紀の現代にも、ほぼそのまま踏襲されている。

アドルフ・ヒトラーは好んでビヤホールで演説をした。そのヒトラー時代の一九三九年に「ビール法」が成立して主成分が定まった。以来、モルトを主体とするドイツ・ビールが天下をとった。ビールはアウトバーンとともにヒトラーが残した二大遺産といっていい。高速道路と大衆的アルコールというおそろしく折り合いの悪い二つを残したところが、矛盾だらけの独裁者にふさわしいらしいのだ。

ビールで口をしめらせてからは、お酒にうつる。オーソドックスな酒飲みのメインコースにあたるだろう。お酒をコップやグラスで飲む向きもあるようだが、オーソドックスの流儀に従い、お銚子に盃が、やはりいちばんお酒には合っているような気がする。

ビールの場合のように、おいしく飲むための酒の注ぎ方があるのだろうか？　当今は精米や醱酵の技術が格段にすすんで、吟醸酒、純米吟醸酒、はては大吟醸酒がいたるところでつくられ、応じてそれぞれに合った飲み方がある。

実をいうと、居酒屋の酒に対して、わがモットーは単純明快、酒づくりの世界で長老といわれた人の口ぐせを拝借している。

「酒は純米、燗《かん》すればなおよし」

日本酒はもともと純米酒のことであって、米と水だけでつくられた。酒づくりの歴史にあって、米と水とが二千年にちかい伝統と文化を担ってきた。

昭和になり、それも「大東亜」とか「皇国」、はては「聖戦」などと高雅なことばを愛用しだしたころに、酒のまぜ物が始まった。業界用語で「アル添《てん》」というらしいが、アルコール添加である。米不足の戦中に登場し、戦後もそのままそっくりもちこされた。米は高いが添加用アルコールは安価につくれる。米がだぶつく世の中になってもアル添はやまない。酒が辛くなると糖類の助けをかりた。業界では「三倍増醸」などとわけのわからない用語で呼ばれてきた。糖類入りアル添の味に舌がなれてしまって、本来の米と水の純米酒がニセ物扱いされたりした。

近年、ありがたいことに純米酒が本流にもどってきた。味を表現するのは至難であるが、やや渋くて、少し荒い感じで、「まったり」したとしかいいようのないような味わい。その一方で香りが涼しい。味わい全体に微妙なふくらみがあるようだ。

ヒヤでもいいが、やはり少しお燗にしてもらうと口当たりがよくなって、荒い感じがやわらぎをおび、ふんわりしたうま味に変わるような気がする。科学的にも理にかなっているようで、燗酒は胃壁からの吸収が速くて、ここちよく酔える。そのためむやみに飲みすぎることがない。酒のほうが機転をきかして、当人に代わりきちんと適量をおしえてくれる。

ビールの本場に一つのいいまわしがあって、「酒神バッカスがひとりぼっちのことはない」というのだ。きっとお仲間がいて、まずは愛の神アモール、ついで光と英知の神アポロンがやってくる——。

誰にも思い当たるのではなかろうか。酒が入ると、当初は何でもなかった女性が、しだいにやさしく、つぎにはいとしく思われてくる。容貌にしても見るまに美の尺度に変化があって、「けっこういいジャン」がつぎには格段に美しく見えてくる。バッカスは心情、ならびに視覚に及んで、いうにいわれぬはたらきをするらしいのだ。

また、はじめはしめっぽかったグループも酒瓶が並びだすとともに、急速に明るさを増し、議論が盛り上がってくる。めいめいが活発に意見を出し合い、はたで聞いていても考えがしっかりしていて、英知のひらめきが見てとれる。

ただ酒神に特有の波長といったものがあって、ひとりふたりと順ぐりにトイレへ通いだすようになると、アモールはともかくアポロンは足早に去っていくようで、先刻まで「英知の人」だったのが、とんでもない暴論家に転じ、あきらかに一顧だにされないたぐいの「ぼくの考え」を頑強に主張したりするのである。酒神のあと押しでオリンポスの高みに馳《は》せ上がると、あとはころがるような下落があるばかり。この点からもお酒というものは、すこぶるナゾめいた飲み物といえるのではなかろうか。

人国記抄

秋になると、メニューに鍋物《なべもの》があらわれる。

「おや、これは？」

お鍋に先立って小さな七輪があらわれた。隅切《すみきり》の四角型で、上がやや開くかたち。ガスボンベでないところが奥床しい。それにしてもイキな七輪であって、白と黒の漆喰《しっくい》をほどこした色模様が優雅である。

主人が秋田の生まれと聞いていた。おかみさんも秋田おばこ。秋田名物しょっつる鍋の「しょっつる」が塩汁のなまりであることも、ここで知った。

「国ではイワシチリンと言いますね」

両手で持ち上げてながめていると、主人が口をそえた。七輪ではなくて「七厘」と書く。これに岩がくっついて岩七厘。炭のお代が七厘で足りるといったところから名がついたらしい。もともと秋田県北部の阿仁《あに》という地方でつくられていた。軟らかい石を砕いて軽く焼き、上に白黒漆喰の飾りをつける。大中小とあって、居酒屋用は小がぴったり。

この店では、きりたんぽやしょっつるは秋口から二月の終わりごろまでが本番で、春がくると岩七厘ともどもお蔵に入る。年中食べるものではないのである。なぜか？　きりたんぽは新米でつくるものだし、しょっつるは冬の脂ののったハタハタにかぎるからだ。おのずと食べごろが定まってくる。

「まあ、そんなわけで——」

なんでもないことのようにおやじが言うと、おかみさんがうなずいている。酒は秋田の銘酒新政《あらまさ》、高清水《たかしみず》。今宵《こよい》ひと夜は、秋田県人というものだ。

居酒屋は大都市の片すみにあって日本の郷土をやどしている。それも県や町がイベント仕立てで売りこむところではなく、ごく日常の、暮らしに根ざした郷土。おのずと居ながらにして、その土地の食べ物を食べ、その地の酒や地ビールをいただき、岩七厘といった特産生活具のサービスを受けられる。鍋、片くち、お銚子、盃、土瓶、皿、小鉢。夫婦が手ずから見つくろってきた。開店にあたり郷里の仲間が贈ったといったケースもある。よく知っている品々であれば、より抜きが揃っている。

「のれんもね」

そういえば特有の手ざわりと風格がある。「秋田八丈」といった言葉があるから、八丈島の「黄八丈」をヒントに北国の織り物を生み出した人がいるのだろう。民芸家柳宗悦《やなぎむねよし》が熱っぽく語った『手仕事の日本』は、機械生産に追いちらされて姿を消したぐあいだが、気をつけていると、赤提灯の小さな里にひっそりと生きのびている。

大都市の横丁にひそんだ日本の郷里だが、地図帳にみるようにまんべんなく全国にわたるのではなく、県なり地方なりにバラつきがあるような気がする。たまたま私が出くわした店がバラついていただけかもしれないが、東北ではとくに秋田が多いし、四国だと高知県が断然多い。徳島、香川、愛媛とちらばっていていいはずだが、記憶するかぎり高知である。

ただ、たしかに高知県出身だが、しかし高知とは誰も言わない。つねに「土佐」であって、店名にも「土佐吉」とか「土佐福」とか旧国名がうたってある。キャッチフレーズが「イゴッソウな酒場」。

イゴッソウは頑固とか剛気とかにあたるらしく、経営方針もイゴッソウ式で統一されていて、おなじみカツオのたたきがおそろしく厚く切ってあって、口いっぱいに頬ばるぐあいだ。二人客以上だと酒は柄杓《ひしやく》でくんで鉢で出す。お銚子でチビチビというのは「土佐っぽ」の好むところでないのだろう。なかには丼《どんぶり》で飲む人もいて、自然に姿勢が肩の一方を突き上げた坂本龍馬風になってくる。

中国筋だと、これまた圧倒的に広島県出身が多い。岡山、山口、島根、鳥取、なぜかいずれもお目にかかったことがない。いちどおかみさんが山口の出という店にいき合わせたが、マイナーの意識があるのか郷里の話は避けるふうで、メニューにも五島《ごとう》列島の生からすみとか、伊那《いな》の蜂《はち》の子《こ》といった諸国の珍しいのがとり揃えてあった。意図して郷土性を薄めたようにもとれる。

この点、広島は威勢がいい。

「かき料理十五種。現地直送」

よそ者には生がき、かきぞうすい、かき鍋ぐらいしか思いつかないが、本場出身ともなると芸がこまかいのだろう。「現地直送」の四文字が、高速道路を飛び魚のようにすっとんでくるトラック便を連想させる。広島の場合、旧国名の安芸《あき》ではなく、「広島ッ子」といった言い方をする。突き出しに広島菜。ひいきの球団は、もとより広島カープ。

そんな広島ッ子の店で「ギザミ」という魚をいただいたことがある。ふつうはベラとよばれ、釣り人にはあまり相手にされないようだが、焼いたのを二杯酢か三杯酢につけて食べる。

「ジュンとつけましてね」

しばらくおいてから食べると、身がホロホロして旨い。「ジュン」「ホロホロ」といった形容の仕方に、あまり人気のない魚を一品料理にした工夫のあとが見てとれた。

こういう店にはきっと「Rのつく月」の講釈をする人がいるものだ。英語の月名にRがあれば、かきをナマで食べても大丈夫。

「セプテンバー、オクトーバーね、おしりにRがついてるでしょう」

年がかわってジャヌアリー、フェブルアリー、エープリル。ひとつとんだようだが、そんなことはかまわない。エープリルのRがかき料理の年度の打ちどめ。養殖と冷凍技術が格段に進歩しても、講釈好きは古典的なウンチクを傾けないではいられない。

九州以南だと三極分布で博多、鹿児島、沖縄。佐賀や熊本がチラホラ。どうして福岡ではなく博多で、またなぜ大分、宮崎、長崎が少ないのか、居酒屋人国記のナゾというものだ。

福岡ではなく博多というのは、福岡の大飲食屋街中洲《なかす》で修業して、それから上京といった経歴の人が多いせいかもしれない。居酒屋の系譜にあってかなりの一派を占める勢力なのではあるまいか。

「生粋の博多おなご」

あるおかみさんが口癖にしていた。またいかにも玄界灘の荒波をくぐってきたような貫禄のある人だった。そこで「鯨の腸」と対面した。一種独特の腸詰めで、湯通ししたのを薄く切って酢味噌で食べる。幼いころ、「クジラの肉」をいやというほど食べさせられた世代は、鯨ときくとバカにしてかかるが、弾力のある歯ざわりが絶妙で、目を丸くしていただいた。少し濃いめの酢味噌の向こうから、玄界灘の波の音を聞いたように思った。

九州の人はなぜか「九州男児」といった言い方をする。そして焼酎《しょうちゅう》を飲む。たしかに店の棚も、いも、米、ソバなどの焼酎が占めていて、日本酒は脇役のようだ。

「九州男児は焼酎飲むバッテン酒はどうでもヨカ」

主人が鹿児島の人となると、さらに徹底していて、「さつま白波《しらなみ》」「さつま無双《むそう》」「さつま萬世《ばんせい》」「さつまおはら」「さつま小鶴《こづる》」……。銘柄のあたまにブランドを明示するように「さつま」がついている。なんだか猛々しい感じだが、ボトルとともに、ほどよくあたためた湯を陶器のお湯差しでもってくる。ほどほどに湯で割って飲むので悪酔いしない。その飲み方、味わい方の品のよさが、焼酎文化の奥深さを示している。

「当店のキビナゴは鹿児島からの空輸です」

同じ現地直送でも、当今は空をとんでくる。小イワシの一種で、頭と骨を取り、身を二つに折って皿に円形に並べる。どこの誰がこのような盛りつけを考え出したものか。キビナゴ特有の銀色の体色が目を射るように鮮烈である。しばらく見とれていて、箸をつける気にならなかった。それから一気にパクついた。よくショウガ醬油が使われるが、酢味噌で食べるのが本来だそうだ。

「よかにせ……よかおごじょ……おかべ……」

キビナゴといっしょに同郷人のやりとりを、珍味のように耳で味わっていた。

沖縄の人に、どうして沖縄の織り物、とりわけ絣《かすり》がステキなのかたずねたことがある。いろどり、柄、染めぐあいにいろんな変化があって、ごく安手のものでも、ほれぼれするほど美しい。その人によると、沖縄は昔から島によって独自のものを織ってきたので、競争心がはたらき、いいものができた。八重山《やえやま》は白絣、宮古《みやこ》は紺絣、久米島《くめじま》は紬《つむぎ》。久米島紬は泥染をするから、そこに含まれた鉄分のせいで茶色がかった織り物になるのだ。

その久米島出身の人の店では、夏のあいだ、おかみさんが芭蕉布《ばしょうふ》の着物を着ている。芭蕉から糸をとって織ったもので、暑い沖縄に涼しい布が生み出された。冷房の時代になっても夏は肌ざわりの点からも芭蕉布にかぎるそうだ。

ジーマミ豆腐、チャンプル、アシテビチー、ミミガァ。はじめはえたいの知れぬ食べ物だったが、いつのまにか南京豆でつくるジーマミ豆腐にも、アシテビチーこと豚足にも、豚肉ともやしと豆腐でいためたチャンプルにも、また豚耳のミミガァにも舌がなれた。「煮込み」が豚の尻尾をコトコト煮込んだものであることも居酒屋学問で習得した。

食べ物や飲み物だけでなく、焼き物、染め物、織り物、塗り物。居酒屋の主人はおおかたが正直なリチギ者であって、自分の生国に忠義をつくし、土地固有の品でまわりをかためないではいられない。おかげで夜のちょっとした寄り道で、ニッポン人国記の旅ができる。

こだわりの店

あるソバ屋を知っている。三十年ばかりも前になるが、たまたま開店早々とぶつかった。ちょうどお昼どき。のれんを出す前に店内から戸口へかけて、金物バケツを抱くようにして打ち水をしていた。古風なことをするにしてはトシが若い。以来、通うようになった。

はじめはまるきり客がこなかった。早じまいして、主客二人で近くのサウナへ出かけたこともある。そんなおりポツリポツリと、商社をやめた後のソバ修業や開業にこぎつけるまでを話してくれた。

ソバは手打ちにかぎる。手打ちの基本は「一鉢、二延《の》し、三包丁」といって、木鉢の手もみでソバのよしあしがほぼきまるそうだ。そのあと、棒で延して包丁で切る。

「藪《やぶ》や更科《さらしな》といった老舗はどうなの？」

「木鉢もみして機械で切っている」

修業中にひろく見聞したので、内輪のこともよく知っていた。おおかたの店は、すべて機械でやっている。

「ソバ名人だって、気がのらない日がないかしら？」

意地悪な質問をした。そんなときの手打ちよりも、機械の扱いの上手な店のほうがうまいのではあるまいか。

「まあ、そうもいえるね」

不承不承にうなずいた。

脱サラしてまでソバ屋をめざしただけあって、いろいろなこだわりがある。粉は当今では中国産がふつうだが、ここではむろん国内産の地粉《じごな》。信州と会津《あいづ》の農家に委託して栽培してもらい、実ったころに取りにいく。モミの脱穀からすべて当人がやるので、痩せぎすで小柄だが、腕は丸太のようにふとい。新ソバのお目見え前は何日間か休業した。

ソバにつゆは不可分で、ソバの味を生かすも殺すも、つゆしだい。

「少し辛すぎない？」

遠慮がちにいうと、ピシャリと叱られた。ソバはつゆにタップリつけるものではないのである。「ソバ三分」といいならわしてきたが、その程度のつゆの役目に合わせた辛さだという。わさびはもとより本わさび。粉わさびなど論外である。

やがてソバ通といわれる人に知られてきたのだろう、少しずつ常連客ができてきた。それはいいのだが、こだわりぐあいも高進して、ソバ粉の吟味と木鉢もみはもとより、ゆで方、洗い方、水のきり方、その間はさながら修行僧のごとくで、うかつに話しかけると口をへの字にしてにらまれる。

薬味のねぎ、酒、ビール、いちいちこだわりがある。そのうち水にもこだわりはじめた。秩父《ちちぶ》の某所へワゴン車を駆って汲みにいく。東京都水道局とはおさらば。

ごひいき筋ができたのをしおどきに、こちらもそっとおさらばした。主人のこだわりが完璧主義に向かうと、客は疲れるものだ。たまにはカマボコと焼きのりを肴《さかな》にイッパイやって帰りたいが、居酒屋流用は許されない雰囲気である。寄り道をして、肩をこらして帰るのはつまらない。どんなに主人がガンバリ屋でも、客に緊張を強いるのはよくない店ではなかろうか。

その点、わが居酒屋は気楽でいい。

「安くてうまい魚の店」

主人のこだわりは、安い・うまい・魚に集約されている。そのため人知れぬ苦労はしているのだろうが、戸をあけると、イキのいい魚がとびはねたような声で迎えられる。当今は遠い磯で朝とれたのがトラック便で夕方には届いていて、ほのかに磯の香が漂ってきたりする。

「こだわりのもつ煮込み」

煮込みというのは文字どおりグツグツ煮込んだだけのようだが、こだわると奥が深いそうだ。仕入れたもつを湯通しして脂を抜く。これがコツだそうで、あとはコトコト煮込みみそで仕上げる。

「コトコトねェ」

「ああ、半日ばかりコトコト」

湯通ししてもけっこう脂が残っているのだが、いいぐあいにみそ味にそまって意外とあっさりしているものである。

「お茶の間の味」

おかみさんのモットーである。料理が好きで、日々のおかずを友だちにふるまっていたら、同じことなら店を開いたら、と言われたそうだ。「にんじんのピリ煮」、「さつまいものレモン煮」、「精進揚げの煮つけ」……。煮物が多いのは、いかにもお茶の間である。それにしても揚げ物をどうしてわざわざ煮つけるのか？

「ちいさいとき、お弁当に入ってなかった？」

前夜の揚げ物があまったのを甘辛く煮て、弁当のごはんの上におしつけてあった。蓋《ふた》をとると、中身が蓋にくっついてもち上がったが、甘辛いしるがごはんにしみて、頬ぺたが落ちるほどうまかった——。

お茶の間に似合いの昔ばなしが居酒屋の話題になる。お茶の間ではあまり厚遇されないおとうさんには、うれしい店にちがいない。

「手料理の小鉢物」

おかみさんの手料理の点では同じだが、その数が壮観で、あきらかにお茶の間ではない。ひじき、さざえ、帆立貝、川えびの煮たのなどもカウンターに並んでいる。予備軍が四角なバットに入って待機中。あまり多いと目で味わって満足するようで、入念にながめわたしたあと、やおら冷蔵庫の豆腐を注文する人もいる。

「季節の素材を生かす」

素材は金さえ出せば手に入るが、生かすのが難しい。包丁はもとよりだが、しょうゆ、みりん、砂糖をどのように使うか。高級品を使えばいい味になるとはかぎらない。すぐにわかる味はわざとつけた味で、食べたあとにじんわり残るのこそ本来の味。そのためにはこんぶの含み味が大きい……。

すでに世を去ったご主人だが、おりおり、ちょっとしたことで「生かす」技術を洩れ聞いた。包丁を握って六十年というおかたで、そのせいか人生哲学の味わいがした。この手のはなしは年季がバックにないと心にひびかない。しわの数が名言に比例するとはかぎらないが、ノッペラのしたり顔でこだわりを言われてもしらけるだけである。

「高級ムードで気楽に」

いちど人につれていかれただけなので記憶があいまいだが、主人からおごそかに聞かされたので、フレーズとして覚えている。高級割烹風のつくりで、器は魯山人《ろさんじん》作。調度も料理も格調高く、しかし値段は安くおさえてある。

「ハァー、なるほど」

よくわからなかったが、高級ムードを気楽に味わえるのは悪いことではない。つれていってくれた人が小声で、一部上場会社が並ぶ場所がらから「高級」と「安く」を両立させる必要があると解説してくれた。一部上場と縁のない生活をしてきたので、解説されてもわからなかったが、会社というのはそのような特性をもつのかもしれないと思い直した。

「浅草っ子の味」

これもつれていかれた店で、場所はたしかに浅草だった。案内者によると、主人は浅草生まれの浅草育ちで、浅草の味にこだわっている。浅草の味というとすぐに浅草のりが思い浮かんだが、たぶん、それではないのだろう。では浅草の味とは何か？

「下町の味ってこと」

ここでも解説を受けた。気風《きっぷ》がよくて心意気があるのが下町の味だという。ためしにいただいた刺身の切り口が心なしか凜《りん》としていて盛りつけがいい。小気味よさを感じたが、先に下町↓気風↓心意気をスリこまれていたので、そんな気がしただけかもしれない。こだわりは店の個性と活力のもとであって、刺身一切れにも、一切れに終わらせない何かが生まれてくるようである。

「酒の店」

もとより居酒屋は酒の店である。酒亭として酒を飲ませる。商品としての酒を吟味してそなえていることはいうまでもない。その上でなお「酒の店」にこだわった。天下の銘酒として聞こえた酒、幻の酒、その類がこともなげにカウンターに並んでいて、一升壜《いっしょうびん》から木枡についでもらえる。いつも目の前に現物があれば幻でもなんでもないと考えるのはまちがいであって、酒徒にとっては幻はつねに幻である。

「酒の店」にこだわったから酒だけの店かというと、そんなことはなく、刺身、ぬた、冷奴、玉子豆腐、いかの丸焼、厚揚げ……。たいていのものはそなえてある。その上で「酒の店」をうたうのがエライのだ。

「釜炊きごはん」

女主人がこだわっていた。「まっ正直」が口ぐせの人で、曲がったことが大嫌い。だからごはんも釜で炊く。思考に少し飛躍があるようだが、わからなくもない。火はさすがにマキというわけにはいかずガス火だが、大きな一升釜で炊く。大きな釜の炊きたてがいちばんうまい。

こだわりの食品をはしょるわけにいかないので、客はイッパイやりながら炊き上がりを待っているかね合いだった。

「おっ、炊けたゾ」

待ちかねた声に待ったがかかる。

「蒸《ふ》かさないとダメ」

「こだわらない店」というのも知っている。ご夫婦でやっていて、奥さんによるとご主人は何にもこだわらないオーラカな人。

「こだわるのが大きらいなの」

こだわらないというのにこだわる人もいるのである。

酒博士とともに

居酒屋と銭湯はよく似ている。たいてい大通りから少しそれた裏手にあって、日暮れとともに軒に灯がともり、入口にのれんがひるがえる。入口はおおかた引き戸で、一歩入ると「いらっしゃい！」の声。主人とおかみさんが営業の柱である点でも同じ。

ちがうのは、銭湯だと男女が入口で左右に分かれるのに対して、居酒屋は肩を並べて入っていける。銭湯では店に入って衣服をぬぐが、居酒屋は服は着たまま。まあ、この二点ぐらいだ。ここちいいひとときを過ごしたあと、体をほてらせ赤い顔で出てくる点でも、ふたたびまた同じ。

となれば両者をドッキングさせる手はないものか？　銭湯が外から全身をあたためるところとすると、居酒屋はもっぱら体内にはたらきかける。両者をセットにすれば、からだの内外ともにもみしだかれ、あたためられるのではあるまいか？

ごく簡単である。カバンにタオルと石けんをしのばせておけばいい。銭湯は煙突でわかるから、それらしく突き出たのをたよりに近づいていく。日と時間が合わなければ、つぎの機会にとっておく。何軒かストックをつくっておくと、好みのままにお湯とお酒のはしごができる。同じ最初のビールでも、湯上がりのあとはまた格別だ。

「いらっしゃい！」

まずはからだの外側からであって、背広をぬぎ、腕時計を外して、ネクタイをとり、バンドをゆるめ——おなじみの手つづきとともに、しみじみと解放感がこみ上げてくる。たわいない日常の明け暮れにも、人間はなんといろいろなものを身につけていることだろう。一つ一つとり去るときの爽快さ。

銭湯は小さいながらも湯けむりの里であって、うしろにペンキ絵の富士山や三保の松原が控えている。疲れが湯けむりとともに消えていく。コーヒー一杯にたりない値段で、ひとときの桃源郷が味わえる。裏通りの楽園であって、それが証拠に、誰もがアダムとイヴと同じまるはだかだ。

銭湯好きは湯が好きなように、居酒屋好きは酒が好きだ。何であれ大好きなものに対して、人間はいたってリチギである。自己流のルールをつくり、往々にして、かたくななまでにそれを守りたがる。銭湯の常連ともなると、脱衣箱の番号、洗い場の位置、湯につかるときの姿勢と時間などに厳としたきまりがあって、つねづねそれを貫徹しようとする。自分の定席であるべき蛇口《じゃぐち》の前に他人が居すわっていると、不興げにうしろからにらみつけたりするのである。

酒好きも同様で、ほかのことにはいたって気まぐれなのに、酒になると原理主義者に変身する。なじみの店のすわる位置、壁のお品書きとの角度、お手ふきの扱い方、注文の手つづき……。どれといわず同じでないと承知できない。こみ合っていて、いつもは奥の隅の人が入口近くにやられると、頬をふくらませ、険を含んだ目でおかみさんに当たったりする。

「まことに人間にとって酒は不思議な「たべもの」である。迷えと知って神が与えたものであろうか。それとも、時には狂えとさえ命じるのであろうか」（坂口謹一郎『愛酒樂酔』TBSブリタニカ）

「酒の先生」として知られた坂口博士の本の出だし。居酒屋における原理主義者に照らすとき、たしかに多少とも「狂」の色合いをおびている。

それはともかく適当に空腹のとき、なかんずく酒がうまいものだ。空っぽの胃袋に、おもむろに酒が入っていく瞬間こそ至福のひとときである。

「ヒャー、うめェー」

東北生まれでも江戸っ子弁で言ったりするのは、至福のときを非日常語で言祝《ことほ》ぎたいからではあるまいか。もとよりこの一瞬を実現するためには、先立ってひとかたならぬ努力が必要である。胃袋をほどのいい空腹にもっていって、以後、のれんをくぐるまでその状態を維持しておくこと。

だから何かの事情で、夕刻にケーキやセンベイのお相伴をしなくてはならない状況が生じるとうろたえる。極力遠慮して、コーヒーでまにあわせる。どうしても口にしなくてはならないときは理由をこねて半分だけにし、相手のスキを見はからって、ときにはいただいたふりをする。これすべて夜のお酒をおいしく飲みたい一心からである。

坂口大先生は醗酵学の大家である一方で歌人でもあった。

酒によりて得がたきを得しいのちなれば

酒にささげむと思ひ切りぬる

ささげる対象が学問であるか、居酒屋の一夜であるかのちがいはあるが、「酒によりて」の人しれぬ苦労にかわりはない。

これもまた酒好きの方はよくごぞんじだろうが、酒は少し過ぎるころ合いが一番うまいのだ。本日の適量とおぼしきあたりから、お銚子一本分過ぎたところ。いわば峠道をのぼりつめて、ほんの少しずつゆるやかに下りかける寸前あたり。

このとき舌と盃とはもはや一体となり、からだ全体が酒という「たべもの」と睦《むつ》み合って、もはや自他の区別がつかないといった感じである。「さわりなく水の如くに」とは、名酒をたとえて酒博士が口にした名言だが、とりたてて名酒のみにかぎるまい。舌と盃一体化の境地における酒一般にあてはまるような気がする。

「うちに千万無量の複雑性を蔵しながら、さりげない姿こそ酒の無上の美徳」（坂口謹一郎『日本の酒』岩波新書）

さすが歌人学者はみごとに「水の如く」を言い換えている。

やや過ぎぎみなのは自分にもちゃんとわかっているのだが、まさしくその峠過ぎが一段とうまく、またその状態が楽しくて仕方がない。そのため本人はふだんどおりのつもりでも、声が上ずり、笑いがはじけぎみで、バカ笑いすれすれに近づいている。つまりは厄介な「酔っぱらい」という人間種族になりかけている。

「私はむしろ酔いを憎む」

酒博士もそうなのだ。酔って人を罵倒《ばとう》したり、ねちねちとからんできたり、ぐずぐずとクダを巻く酒呑みは大嫌い。酔っぱらいの傍若無人ときたら、しばしば人よりも鬼を思わせる。つねづね自分でも公言してきた。酒は好きでも酔うなかれ。いや、まてよ、はたしてそうか。

「私は酒に酔うことがいやだから、酔わないことにしている。しかし友と酔心をともにするほど、人間として楽しい境界はない」

何やら雲行きがあやしい。自著のタイトルに「楽酔」をあてたほどだから、酔っぱらいを必ずしも排撃するわけではないようだ。酔ってクダを巻くなど論外だが、といっていつもきちんと適量で切り上げ、ひけ時をあやまたない人も好きになれない。楽酔のままに、おのずと切り上げどきが遅きに失して、つい飲み過ぎるのも悪くない。ものも言いようであって、ほどよく飲み過ぎて、適当に前後を忘れているわけなのだ。これはこれで快く可とすべきではあるまいか。坂口先生も「この辺の差は言葉につくせぬほど微妙である」と書いている。

切り上げどきを失すれば、ふところにも影響してくるが、私はどこで見つけたものか、ちゃんと漢詩の片ワレを手帳に書きつけている。

莫漫愁沽酒
　嚢中自有銭
漫《ミダ》リニ酒ヲ沽《カ》ウコトヲ愁《ウレ》エル莫《ナカ》レ、嚢中自《ノウチユウオノズ》カラ銭アリ、といった意味のようだ。
坂口謹一郎は専門の研究が大好きな「たべもの」と一致するという幸福な人だった。大学の定年退官にあたり、酒を飲みながら、つらつら考えた。長年買いだめて置き場に困っている本をもって、元勤務先の近くに古本屋を開くのはどうだろう。学生やかつての同僚が立ち寄ってくれるかもしれない。ときには昔なつかしい連中が顔を出すこともあるだろう。そんなとき、酒がなくてはつまらない。さいわいこれまでの研究のよしみで多少は寄贈してもらえる。恩給もあるので餓死するおそれはない。だから大もうけする必要はない——。

ここで思考がちょっと停止したのは、酔っぱらいの姿が脳裏をかすめたせいらしい。だが酒がお伴してくれていると、名案もまた即座に浮かぶもので、「酒を飲んで放歌高談して他人に迷惑をかけることはいっさいいたしませぬ」という誓約書を印刷しておいて、これに署名した者のみ酒を出すのはどうだろう？　約束を守ってくれさえすれば「何時までねばって飲んでいてもいっこうにかまわぬ」。

難問がかたづいた酔余にできた歌かもしれない。

たべ酔ひて小夜の寝ざめもあやしきに
　なおひとつきと冷やのまにまに

のれんをかき分けて出てくるときもまた、居酒屋と銭湯はよく似ている。夜の空気がヒヤリとしていて、顔もからだもここちいい。一瞬、目まいのようなものを覚えて立ちどまる。自分がどこにいるのか、いまどういうわけでここにいるのか、さて、どちらに行けばいいのか、しばし頭をひねっている。中島敦《なかじまあつし》の小説「名人伝」にえがかれている弓矢の名人は、その道をきわめた結果、弓矢のことをすっかり忘れはてていた。もしかすると自分も、そろそろ居酒屋名人の域に近づいたのではなかろうか。それとも単に酔っぱらっているだけなのか。方向を失ってボンヤリ佇《たたず》んでいると、鼻先をシャボンの匂いがかすめていった。銭湯帰りらしい、プラスチックの桶をかかえた若い女性が明かりの下を消えていく。匂い立つようなつややかな洗い髪。名人がたちまち俗人に下落して、クンクン残り香をかいでから、さて歩き出す。気のせいか全身がフワリと軽い。

日本酒業界にひとこと

居酒屋を愛する者としてトンとうなずけないのだが、晴れがましく「酒」を職種にかかげながら、居酒屋はいたって酒に冷淡である。

「エート、お酒は？」

「うちは○○です」

ただ一つきり。そんな店が少なくないのだ。そういえば店の看板には銘柄が添えてあった。銘柄にひかれて入ったわけではないのだが、それと知らずメーカー特約店に来あわせたことになる。一種にかぎると、よほどマージンがいいのだろうとカングりたくなる。

三つ、四つとそなえていても、すべて特定の地方の酒にかぎられているケースもまた少なくない。たいてい主人の故郷と関係している。愛郷心がさせたのか、それとも開店にあたり、郷里の蔵元連があと押しをした結果なのか。同郷者を顧客にできる利点があるし、同郷でない者は、日ごろなじみのないお酒にありつける。居酒屋商法として、これはこれでスジが通っている。

しかし、地酒はもともと、土地の食べ物と二人三脚のようにして生まれた。それが雪国なら、長く厳しい冬の風土がお酒の性格にも影響しただろう。南国土佐の酒づくりとは、いくつかちがう条件があったはずである。

とすると特定の地酒をそろえた店は、やはり酒に対して冷淡といわなくてはならない。この食べ物、風土まで持ってきたわけではないからだ。そしてふつう居酒屋の客は、主人の郷里をたしかめてのれんをくぐったりしないものだ。

これに対してメニューにズラリと全国の酒をかかげた店がある。一銘柄特化の対極であって、多銘柄ショーウィンドウ方式である。たいてい甘口組と辛口組に分けてあって、十と一の記号で甘さ、辛さの度合いが明示してある。いかにも酒の店であるかのようで、実際、その種のことがメニューにもうたってある。

だが、客はべつに酒の品評会に訪れたのではなく、主人のお眼鏡にかなったお酒をいただければそれでいいのである。多銘柄ショーウィンドウ方式はつまるところ、店づくりに大切な選択と見識を主人が放棄したことにあたらないか。

それにあまりどっさりあると目うつりがして落ち着けないし、飲みにきたはずが買物にきたような気分になって緊張を強いられる。＋と－の記号がなぜか、小学校のときの通信簿を思い出させる。メニューには当然、値段もついていて、そちらの算段もしなくてはならず、お代わりのたびに選択と算段をくり返すので、おいしく飲んだ気分にならない。

居酒屋が酒に冷淡なのは、半ば以上にメーカーのせいではあるまいか。というのは伝統ある日本酒の醸造元は、「キレ」や「コク」や「淡麗」といった微妙な味わいは競っても、自分たちの酒がいかなる酒で、どのような飲み手に合うものか、いかなる料理にピッタリなのか、食事なり腹ぐあいなりのどんな頃合いに飲むのが最適であるか——つまり、自社製品の特色をいっさい知らせようとはしてこなかった。おそろしく情報化のすすんだ時代だというのに、売り物の商品をこれほど客に知らせずに販売したがる業界も珍しい。

どうして酒の味をいうのに甘口と辛口の二つしかないのだろう？ 昔は「尻ピン」あるいは「尻はね」といったと思うが、飲んだあとの後味も区分にあった。最近はそれも聞かなくなった。

甘口、辛口は、もとより酒の成分と関係している。糖分が多いと甘いし、少ないと辛い。しかし酸、アルコールともかかわっていて、酸が多いと、たとえ糖分が多くても甘さが抑えられるので辛く感じるし、酸が少ないと、たとえ糖分が少なくても甘口になる。メーカーは人間の味覚のそんな特性を考慮して、わざと商品に区別をうたわないのだろうか。

しかしながら、ブレンドする側は成分の比率をくわしく知っており、甘口、辛口といった大ざっぱな区分ではなく、甘さ一つにしても小甘、中甘、大甘にわたり、辛さなれば、やや辛いから超辛まで客観的に明示できる。味の性質がわかってこそ、それがどんな料理に合うか、どんな食事どきにふさわしいかをいうことができる。ワインでは遠い昔からやっていることで、一般向けの商品目録にも、コク、渋み、香り、色、味、アルコール度に加えて「相性のよい料理」があげてある。酒が食べ物と連動するからには、当然のことといわなくてはならない。

ついでながら、このところおりおり甘さ一点ばりの酒に出くわしたりするが、世の甘さ志向に便乗して、あるべき糖分と酸の割合を無視し、酸のない甘味だけの酒をつくっているのではないかなどと、情報が示されないと、意地悪く邪推したくなるというものだ。

「甘口といっても、詳しく区別すれば「極《ご》く甘」、「甘」、「中甘」、「うす甘」などいろいろある」(坂口謹一郎『日本の酒』)

私のようなチンピラではなく、「お酒の神様」といわれた人が書いているのだ。それなりの区別だが、日本酒という「ただひといろの酒のタイプ」の中での区別にすぎない。坂口博士は葡萄《ぶどう》酒やシェリー酒などに見るような、ドライとか、メディアム・スイートとか、スイートとか、いろんな甘味度にしたがい、同一種の酒の中にもそれぞれ特別のタイプが設けられている「幅の広さ」を述べ、それが日本酒にないことを慨嘆《がいたん》している。

たしかに酒の味や性格をいう言葉はいろいろとそろっている。甘辛についで大切なのは「コクがある」こと。「ごくみ」とも「にくがある」とも、あるいは「ふくらみがある」「はばがある」ともいうようだ。品評会の利き酒では、この種の言葉がとびかっているだろう。

否定の場合は「ある」が「ない」になって、「コクがない」「にくがない」「はばがない」「ふくらみがない」……。ときおり居酒屋で見かける風景だが、主人が持ち出してきた酒を客が味見をする。口に含み、目を一点に据え、しばらく酒を口中で一巡させてからゴクリ。

「どう?」

「ふくらみがもうひとつだネ」

あるいは「ちょっと重い」「ちょっとしつっこい」「ちょっとくどい」。きまって「ちょっと」がつくのは一回こっきりの舌の鑑定への言いわけを兼ねてのことのようだ。酒の味わいをいうとき、つねに品評会的語彙にかぎられるのは、一国の酒に対して失礼なのではなかろうか。

力強い酒には「押しがある」なんていう。逆はむろん「押しがない」。性格に及んでは「がらがわるい」「ざらっぽい」「さばけがわるい」などともいうようだ。あるとき、味見をしたおじさんがひとこと、何を根拠にしてかは不明だが「きたない酒だ」といった。「きたない」という評し方もあるのだろう。逆は「きれい」である。

「男っぽい酒だねェ」

そんな言葉も聞いた覚えがある。とうぜん「女性的な酒」「上品な酒」「きめの細かい酒」、おなじみの「淡麗」の代用になる。

さらには「にぎやかな酒」「引き込みのある酒」「線が太い酒」「さばけがよい酒」。いずれもよほどの酒のベテランでなければわからない用語からできている。いうまでもないことながら、日本酒の需要を左右するのは、ごくふつうの市民であって、その食卓にお目見えしてこその話なのだ。その商品がおよそかぎられた品評会の表現しか知らないとすれば、造り手、販売方の怠慢というしかない。居酒屋の酒の冷やかな扱いを責められない。

おやじが包丁をにぎり、おかみさんが「あいよ」と小皿を運んできて、カウンターに小あがりが一つか二つのお店でも、サカナは実によく工夫されている。突き出しにはじまり、魚、煮物、あえ物、小鉢物、塩辛、豆腐、おでん、せりのおひたし、季節物……。

その一方で酒については、工夫や苦労があったと思えず、ほとんど語られることもない。客が水を向けても、まずもって返ってこない。すっきりとした水のような「なめらかさ」も品評会的語彙にあるようだが、私のようなシロウトには酒が「うすい」感じがしてしまう。主人のてまえ「水っぽい」とまではいわないだけである。

このところ「淡麗」が大はやりで、せっかくの黄金色を活性炭を加えて抜いたりするらしい。ある種の香り、「吟醸香」が大モテになると、特別の酵母を使ってその種の香りをつけたりする。需要がのびるどころか年々落ちこんでいく日本酒業界のあせりはわかるが、長らく応援してきた者にはいたたまれない思いがする。

かつて日本酒は統制や公定価格の名をおびて、お上《かみ》の監視と庇護のもとにあった。質よりも量、もっぱらその一点に集中していた。まさかそんな時代の習性がいまなお尾を引いているわけではあるまい。

ひそかに夢見ているのだが、居酒屋の棚に味、香り、色もとりどりの清酒の瓶が並んでいる。上段には三年物、五年物の古酒のとっておき。たずねると主人の口から、それぞれの特色が披露される。男性・中程度の上戸・女性づれ・二次会の帰り道――そんな条件の客には、デザート・ワインのようにあと口のさわやかな食後酒がおすすめ。ワイン業界では当然のようにそれをして、そしてめざましく愛飲家をふやしてきた。われらのナショナルブランドが指をくわえて見ている手はないだろう。

Ⅳ　千客万来

相客はたのしからずや

居酒屋にはマッチがつきものだった。レジの横やカウンターに、さりげなく置いてあった。店を開くにあたり、主人は店内のつくりや酒、料理とともに、マッチのデザインに知恵をしぼった。

タバコのみが多く、酒にタバコがつきものだったせいだろうか？　それもあるが、それだけではない。あの小さな箱はタバコをすわない人でも手にとるものであって、手にとるだけでなく、ポケットに入れて持ち帰った。わが家で実用に供する人もいただろうが、どちらかというとそれは少数派で、多くの場合、マッチはマッチとしてマッチのままにありつづけ、そしてさまざまな機能を果たした。さしあたりそれは三つに要約できる気がする。

A　タバコに火をつける。

B　店の広報・宣伝をする。

C　談話のきっかけをつくる。

Aのタバコに火はいうまでもない使い方だが、マッチの場合、ライターとは一つの点でちがっていた。ライターではカチリと火をつけると、それでおしまいなのに対して、マッチでは火をつけてからチラリと、あるいはしげしげとマッチ箱を見た。そののち再びポケットに収めた。

なぜあらためてマッチに目をやったのか？　ライターは常備品一つがふつうであるのに対して、マッチは店ごとにちがっている。ポケットに入っていても、それがどの店のマッチであるか当人にもさだかでない。火をつける手続きがマッチの出所の確認を兼ねていて、ひいては店の記憶がもどってくる。誰かとつれだって行ったとすると、同行者の顔や名前も甦《よみがえ》ってくる。マッチは無機的なライターとはおよそちがう物語性をおびていた。

そのようなマッチの特性を利用したのが、Bの機能であって、小箱にはきっと店名に電話がそえてあって、さらに〇〇駅西口一番街とか、××通り南角とか、△△会館地下といったふうに、わかりやすい目じるしをつけたのもあった。宣伝力のない小店にはクチコミが大きな力であり、マッチはそのためのメッセンジャーというものだった。

タバコをすわない人でも手にとり、持ち帰り、ときには他人に見せたくなる。開店にあたり店の主人が知恵をしぼったのも当然である。電話や目じるしの実用性に、より強く印象づけるデザインを組み合わせる。さらに文学性を加味することもあった。

まずとさし
どれ一献と
のむ味は
うれしき春の
めい酒なりけり

ある店のマッチの刷りこみだが、五七五七七のアタマの一字が店の名前を告げていた。しかもそれが出身地の地酒の銘柄と同じときている。

「ろんごもうしをよんでみたがさけをのむなとかいてない」

ひら仮名をちりばめて酒のたしなみが讃えてあった。

常連客に俳人がいて、自作を提供したというのもあれば、亭主の里ことばで酒量のコーチをしたのもあった。酒席のささやかな小道具が、これほど芸術性をおびたケースは、世界にも類を見ないのではなかろうか。

そのような苦心の作であればこそ、Cの役割をになってくれる。まるきりアカの他人同士に共通のマッチが、なごやかな談話の口切りをしてくれる。

カウンターが主体で、店によってこれに小上がりや小さな座敷つきが居酒屋の定番である。客を迎えるとき、主人は一人客か、二人づれか、三人以上かをまずたしかめ、つぎに初顔か、おなじみかに気をくばり、さらに、ちょっと寄り道か、会の流れか、何やら相談ごとをかかえてか、といったことを識別する。ひと目で判断しなくてはならない。それによって客の配置がちがってくるからだ。

一人客、二人づれプラスちょっと寄り道、これは自動的にカウンターである。なじみ客はすわる位置がほぼきまっているので、これも問題ない。初顔プラス二人づれ以上の場合はカウンターなり小上がりなり四人卓を指して、選択を相手にゆだねる。何やら相談ごとをかかえている客は、入ってくるときの目つきがちがっていて、暗に当事者だけが顔をつき合わせられる空間を求めている。だからして即座に「奥へどうぞ」というのが正しい対処の仕方である。

つまるところカウンターは一人客、二人づれを主体として毛色のちがう客の並ぶところである。初顔もいれば常連もいる。初顔でも常連でもなく、数年ぶりにフィと顔を出したといった気まぐれ組もいる。まるきり見知らぬ人間が、ピッタリ肱《ひじ》や腰を接するようにして飲食をともにする。日々の暮らしのなかで、いたって例外的な状態である。

「このマッチの似顔絵、おかみさんに似てますね」

「どうせオタフクなんだから」

当のおかみさんから声が返って、一挙に座がなごむ。

「郷土料理　かごし満《ま》」

めでたい表記でしるしてあって、そのマッチを手に主人の郷里の話になり、客の一人が出張で訪れたことがあって、本格焼酎さつまアサヒを飲んだ経過を語り出す。

口がほぐれたあと、相客にはほぼつぎの三通りのパターンがあるようだ。

A　蘊蓄《うんちく》型
B　散漫型
C　悲憤《ひふん》慷慨《こうがい》型

Aは料理や酒にわたり博識を披露するタイプであって、たとえばアジのたたきを注文してから、昔はアジといえばせいぜい干物で食べるだけだった。何よりも鮮度が味のすべてであり、たたきは銚子《ちょうし》や伊豆《いず》辺りの漁場だけの珍味だった。あとは干物で出まわるのみ。だからアジのたたきがメニューに出はじめたときは目を丸くしたものである——居酒屋の古老のいうようなことを、中年センセーがおっしゃったりする。

話のぐあいでアジのたたきからホヤにうつると、ホヤは漢字では「海鞘」あるいは「老海鼠」と書くから始め、「ワケのわからん姿から中国人も名づけに困ったとみえますね」。

当今は近所まわりの魚屋の店頭でも見かけるが、以前は仙台辺りの飲み屋でないとナマは口に入らなかった。魚屋で扱っても魚ではなくて、正しくは脊索《せきさく》動物の一種。雌雄同体の生物で、魚類にくわしかった昭和天皇が相模《さがみ》湾で珍種を採集して発表したことがある、などとやんごとない人までが引き合いに出され、食用になるのはマボヤ、アカホヤ、スボヤで、仙台湾の牡鹿《おしか》半島で獲れるマボヤが一番旨い。時期は四月から八月いっぱいなどと、とにかく何であれ、おそろしくくわしい。蘊蓄型が相客だとラクである。うなずいたり、相槌を打っているだけでいいからだ。

　Bはやたらに話がとぶタイプである。蘊蓄型に同調して毛ガニにまつわり、昔は北海道だけの食べもので、長万部《おしやまんべ》駅で獲りたて、茹《ゆ》でたてを列車の停車中に売りに来て、買うと新聞紙につつんでくれたことを語り、ついては冷凍技術が進歩して、いまでは東京でも食べられる。ワタリガニとちがい、いちいち身をほぐす手間のかからぬところがよろしい。

　そんな毛ガニのテーマが、なぜか急に女主人のやっている某所某店の話題になり、さる旅館の仲居をして小金をためて店を開いた。そのせいか気くばりがあって、ほどのいいころに湯どうふを出してくれる、などとノロケてみたり、それがまた突然、ホヤを引き継ぐぐあいになって、表面にイボがあって気味悪がる人もいるが、二つに割ってはらわたをとって黄色の身を太目に切り、二杯酢か三杯酢で食べると、えもいわれぬ香りと舌ざわりがあると述べ立て、とおもうと一転して、東京二十三区内で唯一の造り酒屋が北区赤羽《あかばね》にあって、銘柄が丸真正宗《まるしんまさむね》などと吹聴《ふいちよう》したりする。

　一つ一つはそれなりにタメになっても、流れが散漫にちらばるせいか、どれといわず何やらあやしげな気がしないでもない。このタイプは概してしみったれで、注文はせいぜい一品か二品、そのうえ長っ尻である。しみったれの言いわけに、賑わいをつくって店にサービスしているつもりかもしれない。

Cの悲憤慷慨型は古典的な酒呑みであって、政治、経済、社会、風俗、メディア、スポーツ、何につけ腹立ちのタネを見つけ出して怒っている。話のあいまに「ナサケナイねェ」とか「見てらンないヨ」とかが歌のリフレーンのように入ってくる。たしかに当人にとっては怒るのが生活の歌なのだろう。雰囲気がしめっぽくなるのはともかく、慷慨先生がわきにいるのも悪くない。やはり相槌を打っているだけでいいし、自分の知らなかったニュースについても教えられる。

マッチという愛嬌のある口切り役がめっきりへって、かわりにネット情報というのがいきわたっている。たとえ初顔の人でも、すでに店のつくりから主人の出身地、得意ダネ、店を運営するにあたってのモットーまでも知っている。メニューに「和楽どうふ」とあるのは、おやじ手作りのがんもどきで、揚げたての太目で厚いのにネギと大根おろし、それにだし汁で食べる。

「しもつかれ、いただくかナ」

マッチ時代には「これって何?」から始まって、栃木地方に独特の家庭料理であり、煎《い》った豆と鮭《さけ》の頭と大根、ニンジン、ときにはコンニャク、油揚げなどを加え、鮭の頭でだし汁をとり、コトコト煮たのを冷やして食べるまでが、合いの手に栃木弁をまじえ、相客同士のサロンをつくっていった。

いまや下野《しもつけ》の味も主客ともにネット情報の一つにすぎず、隠し味にもなってくれない。マッチの火を失って居酒屋は格段にさみしくなった。

ゴドーを待ちながら

たいていの人は身に覚えがあるだろう。幼いころ「食べながら喋《しゃべ》るな」と親に言われた。口に頬ばったまま何か言いかけると、食卓をトンとたたかれた。ときには頬ぺたをつつかれた。

居酒屋では大のオトナが、口に食べものを頬ばったまま喋っている。モグモグしながら談じている。そのまま応答しようとするものだから、口元からこぼしたりする。親が見たら、頬ぺたをつねり上げるのではなかろうか。

かくべつ至急の大問題をやりとりしているのではないのである。目下の政局や、日本経済の動向が丁々発止と議論されているわけではない。ニューヨークの演劇や、思想のニューモードをあげつらうというのでもない。せいぜいのところ、会社の隣りのビルが取り壊しになるそうだが、あとに何が建つのだろうとか、最近の若者は漢字を知らないねェといったことなのだ。夜中に何度トイレに行くかが話題になっていることもある。

なんら緊急の返答を要さず、いそいで応答することもない。黙ってうなずくだけで、口中の処理を優先したほうがいい場合が圧倒的に多いのだ。ハナたらしの子供ならいざしらず、大のオトナなのだから、そのあたりの判断は瞬時につくと思われる。

にもかかわらず「食べながら喋るな」の禁を平然と犯している。ひどいときは喋りながら呑みこもうとして喉につまらせ、しゃくりあげ、目を白黒させて咳《せき》こんだりする。見苦しいかぎりであって、もし親が見たら、食卓トンも忘れ、天を仰いで嘆くのではあるまいか。

なぜか若い人たちにはめったに見受けない。べつにまだ親の言いつけを記憶にとどめているからではなく、食べながら喋っても、ちゃんと喋れて、もとより喉をつまらせたりしないのだ。咀嚼力が健全で、食欲と会話をこともなく両立させることができる。

どうして中高年ともなると、親が天を仰ぐ事態になるのだろう？ どうやら記憶力と関係があるらしい。口中のものをやっとゴクリと喉にやって、さて話し出そうとすると、言うつもりだったことまでが食べものといっしょに喉をこしてしまったようで、何を言いたかったのか思い出せない。おのずとそれは咀嚼力ともかかわっており、かりに整理すると、つぎのようになるだろう。

1　咀嚼力が衰え、嚙むのにひまがかかる。
2　記憶力が衰え、忘れっぽくなった。
3　そのため思いついたら、すぐ口に出す。

ふつう居酒屋ではまず飲みものが出され、食べものの注文があとにつづく。飲みものとともに話はすでに始まっており、話題が盛り上がりをみせはじめた。

「お待ちどおさま」

注文の品がとどいて、やおら箸をとりあげ、話をつづけるわけだが、飲みもの過程ですでに会話のレールが敷かれている。順調にレールを走りつづけるはずのところで1に直面し、ついては2を回避しようとして3にうつるのだが、1とぶつかる。即座に2が頭をかすめ、3がせっついてきて、なおのこと1をせき立てる。ふだんはドモらない人が急にドモったりするのは、1・2・3の調整がつかず、舌と喉の機能のうち、まず言語部門が変調をきたしたからである。それが咀嚼部門にも影響して、喉をつまらせ、目を白黒の醜態にいたる。

「どうも失礼」

やっと食道に送りこんで、ハンカチで口元を拭いながら、言い出す前の時点にもどり、そのときの思考をたどり直そうとするのだが、やはり思い出せない。もともと、その場のちょっとした思いつきであって、記憶をかすめる風のようなものだから、過ぎ去ると二度ともどらない。中高年組の中に若い人がまじっていると、やりとりが突然、へんな方向にむかったりするものだが、それは1・2・3の連結つきのレールと、まっすぐ一本でのびたレールが交叉《こうさ》するからで、そのため話題が急転換をみせたものと思われる。

中高年同士だからといって、順調にいくとはかぎらない。一人でも三点セットをかかえているところへ、それが数人ともなると、1・2・3が複雑に呼応し合って、ときには収拾がつかなくなる。

「………」

やりとりがハタとやみ、全員がうかぬ顔で何やら思い出そうとつとめている瞬間のみまうことがある。劇作家サミュエル・ベケットに『ゴドーを待ちながら』という芝居があって、奇妙なやりとりがつづくところから「不条理劇」などとよばれているが、わざわざその手の芝居を見るまでもないだろう。居酒屋では夜ごとに、自作自演のさまざまな不条理劇が進行している。

「お待たせしました」

ゴドーの友人たちのかたわらでは、いつもながらの風景である。まずは手軽なタタミイワシ。魚と畳をくっつけた命名が奇抜であって、ルイス・ブニュエルの映画ではミシンとコーモリ傘がくっつけられてシュルレアリスム映画が誕生したが、それに匹敵する手法といえる。単に火であぶるだけの食べものだが、そのあぶり方が難しい。あぶりすぎるとカラカラになって炭素の繊維になるし、あぶりたりないとしなしなして、口あたりが悪いのだ。ほどよくあぶると、パリッとしていて、しかし、硬くはないという玄妙な食べものになる。醬油をこころもちかけ、つまんで口にする。

「なまこ、もらおうか」

気らくに注文するが、とりわけ奇怪な食べものの一つなのだ。形態ときたら、さながら前衛彫刻であって、とても食べものとは思えない。初めて口にした人は、よほど飢えていたか、よほどの酔狂だったのだろう。実態がまたえたいが知れず、ヌルヌルでコリコリしている。

やわらかいのに同時に硬くて歯ごたえがある。すこぶる矛盾をはらんだ食べものであって、前述の咀嚼力にわたり1に該当する人はなるたけ避けるべき一品だが、皮肉にも、えてしてゴドー世代に人気のある食べものであって、そのため2・3の経過をひき起こす。

同類にイカの一夜干しがあって、これもやわらかいのに硬いのだ。正確にいうと、ちっとも硬くなく、イカの性質そのものでグニャグニャだが、ひとたび嚙み出すと、いっこうに嚙み切れない。むりに喉へやろうとすると、弾力のある長いひもが口から喉にのびて呼吸困難をきたしたりする。万一の場合、いのちにさしつかえる品だというのに、まさに避けるべき該当組が、いそいそと注文したりするのである。

ことによると、名前のもつ「一夜」に惹かれてのことではあるまいか。誰がひねり出したのか知らないが、絶妙な命名術といわなくてはならない。白く、やわらかく、やさしげな食べもの。それに一夜の手当てがされた。風雅な「一夜妻」にも通じるところがあって、居酒屋のお品書きはしばしば、人間心理の微妙なところをついている。

「へぇ、のっぺいか」

新潟の郷土料理だったのが、居酒屋の冬の鍋物に仲間入りをした。寒い土地柄が体をあっためるために生み出したのだろう、ニンジン、里いも、鶏肉、コンニャク……。とろっと煮立て、ユズをそえて出す。客は「あつっ！」とおもわず悲鳴をあげ、喉のヤケドをこらえながら食べる。悲鳴をあげても旨いのだから、やはり奇怪な食べものに入るだろう。

同じく冬の鍋物の定番だが、湯豆腐ひとつとりあげても、小鍋に四つ切りの豆腐が沈み、そこに白菜、ネギ、しいたけ、春菊、カマボコがそえてある。白い豆腐、白菜、ネギと白ずくめはさびしいので、黒っぽいしいたけ、さ緑の春菊で変化をつけた。白身に表皮が茶色のカマボコはご愛嬌。色どりの配合だけでなく、小鍋で煮られるなかでそれぞれが持ち味を発揮して、あっさりした豆腐に花をそえる。そのしくみは交響曲のアンサンブルとさも似ている。

そんな食べものにしばしば見かける現象だが、豆腐、そえ物をかわるがわるたいらげたのに、最後に豆腐一切れだけがいつまでも残されていることがある。すでに小鍋の底から湯玉が立ちのぼり、残された一切れが持ち上がり、躍りはじめても、客がやりとりに追われていて気づかず、店の人は注意をしたいのだが、その場に水をさす気がしてあえて口出ししない。小鍋の白い四角がこころもち硬化して肌色をおび、いまやせわしなく上下に躍っている。居酒屋のテーブルにみかける、緊張をはらんだサスペンス劇にもひとしいシーンではなかろうか。

ごく安直な湯豆腐にも、さりげなく色合わせ、味合わせがほどこしてあるように、たとえばマグロのカマ焼きにはササの葉と大根の千切り。こちらのそえ物はただ装飾のためだけで、カマとよばれる魚の切り身のむくつけき姿を緩和する役目と思われる。もっと安直なイカ焼きにしても、白い四角い皿に大根の千切りを敷きつめ、そんな白一色の上に青のりの一筋と黄色のおろししょうが。舌より先に目で食べる演出がほどこしてある。

「へーイ、六番さーン、お待たせしましたァ」

カンパチの杉板焼、サバの味噌煮、山いもと魚介のしんじょ揚げ、キスフライ、山いもとろろ、山菜おろしの田舎そば……。注文はおそろしくてんでんバラバラ。それをきちんと注文順に仕上げていく。

調理場はほんの一坪か二坪たらずなのだ。調理場というのもはばかられるほど狭く不自由なところから、どうしてこうつぎつぎとあざやかな料理が生まれてくるのだろう? ふと目をやるとゴドー劇の演出家が、つつましくまな板の前に控えている。

おなじみさんのあり方

居酒屋には「おなじみさん」がつきものだ。ご常連、顔なじみ、ときには店の親衛隊。大切な客であって、一定の数のおなじみさんがいてこそ商売が成り立つ。店を守り、もり立て、おりにつけ宣伝役を買って出る。

開店このかた三日にあげず寄っていく人もいれば、先代のころからの顔なじみで、代がわりとともに店が引っ越しをしてからも、かわらずやってくるリチギ者もいる。

そんな客だから、店のことは何だって知っている。おかみがかつて料亭につとめていて、板場見習いだった現主人と知り合ったことも、長女が筋向かいのケーキ屋でアルバイトをしていることも、そのほかおかみさんの前では決して口にできないアレやコレやのことも。

調理場の壁に魚拓が掲げられていたとしよう。たぶん主人直々の労作と思われる。声をかけると、あるじの手がハタととまり、頬がゆるむ。しかし、すぐに仏頂づらになって包丁にもどり、モゴモゴと「いや、なに、ちょっとしたイタズラで――」。

こんなときがまた常連さんの出番である。当人にかわって能書きを並べる役まわり。釣り歴三十年、この世界の名人といわれる人、釣りの雑誌にしばしば登場、定休日には寒風吹きすさぶ房総沖まで出かけていく……。その間、おやじは下を向いたきりで、片ことがまじるだけ。「ほんのヒョコで」――「まるきり駆け出し」――「いや、オハズカシイ」。しかし常連とピッタリ息が合っていることは、チラリと魚拓を見やったときの孫娘を見るような目つきからしてあきらかである。

足しげく通うからといって誰もが「おなじみさん」になれるわけではない。店のことを何だって知っていても、大切な常連さんというのでもない。居酒屋と常連の関係は、父親と子供のそれとよく似ている。父親になるのは簡単だが、父親でありつづけるのは難しい。それと同様に、おなじみになるのはたやすいが、常連でありつづけるのは難しい。

トップリと日が暮れた飲み屋街を行くときの足どりからも常連組はすぐわかる。行き先は当然おさだまりの確固とした歩き方であって、実のところ、赤提灯と縄のれんの並ぶ界隈で確固とした歩調というのは、いたって少ないものなのだ。この手の人についていくと、なじみ客の通う店に行きつける。

「いらっしゃい！」

おやじは低い声、多少とも無愛想である。おなじみさんにおなじみの時刻の通常の来店ということであれば、何でもないように迎えるのが論理的にも正しい迎え方である。うしろからくっついてきた新顔に、ほんのちょっぴり「おや？」といったけはいを見せるが、それは一瞬のこと。新顔は、なろうことならご常連の目ざわりにならぬよう、そっと片隅に席をとりたいものである。行きずりの客の作法というもので、主人のいかつい顔がチラッとこちらを見やった。あるじはちゃんとわかっている。こういう無言劇の演じられるのが小さな店のおもしろいところといえる。

「○○先生オダブツしたってネ」

おしぼりを顔にあてながら、おなじみさんが口を開いた。一気に固有名詞から入るのが常連組の話法である。何でも知っている仲であって、くだくだしい前置きは一切無用。

「きびしい先生じゃった」

なぜか急に方言口調になった。同じく主人が「そうじゃった」と応じ、「まあトシじゃけん」「そろそろと思っちょった」。ドキッとするような一件でも、やりとりはあくまでこともなげに進んでいく。たしか「じゃった」とか「思っちょる」といった言い方は長州弁と聞いた覚えがあるが、もしかすると主客ともそちらの出かもしれない。

やにわにガラリと戸が開いて、これまたご常連とひと目でわかる中年紳士が入ってきた。色黒、太い眉、額にシワを寄せて、天下国家を憂える幕末の志士のようなお顔である。

「熱カンをちょいとヌルめで」

注文も難解である。

常連席が二つ埋まって、すぐさま黄金コンビができた。人は見かけによらぬもので、色黒おじさんは憂国の志士どころか、テノール調の声でペラペラとよくしゃべる。ときおり主人の合いの手。この種の三重唱が居酒屋ご常連に多いパターンではなかろうか。

ここまではいい。問題はこの先である。主人と常連の関係の難しいのは、親子の関係が厄介なのと同じで、親しみすぎてもよくないし、知りすぎるのも考えものだ。

三重唱がいつまでもつづくと、新顔クラスはおもしろくない。場ちがいなところにいるようで、自分が邪魔もの扱いされている感じがする。気のせいか亭主の応対にも差がありげである。おなじみさんには平目の縁側とかダシ巻とか、あるいは鶏のスープがサービスでふるまわれたりするが、「こちらさんもハイ、どうぞ」といわれると、何やらおこぼれを頂戴《ちょうだい》しているようで、ありがたみがわいてこない。

新顔クラスをいじけさせるのは、むろん、店が悪い。新人を一夜にして常連の卵に仕立ててこそプロの腕だろう。もともと新顔は一見《いちげん》客的ひけめがあるせいか、いろいろと注文したり、さもおいしそうに食べたり、見えすいたお世辞をいったり、落ち着きがないかわりに商売的にはうれしい上客である。

いっぽうおなじみ組は頻度は多いが、そのぶんフトコロぐあいも分散させてあって、料理はせいぜい一品か二品、お酒は二本どまり。ありていにいえばしみったれである。主人側がどちらに心して配慮すべきかいうまでもないだろう。

かりにご常連のあるべきたしなみを三つあげるとすると、こうだろうか。

A　こんでいれば遠慮する。

B　主人とのやりとりは適度にきりあげる。

C　ダラダラといつまでもすわっていない。

頻度の多さは店の賑わい役の意味もあって、さっぱり客がこない夜など、一人二人とおなじみさんがいるだけで店内にやすらぎが漂うものだし、またそれが呼び水になって、思いがけない客が入来したりしないともかぎらない。だからこそ週末のこみ合うような頃など、フトコロ分散型はお呼びでないと心得るべきではなかろうか。

「じゃった」「思っちょる」的談話は、出身地をひとしくする者のあいだの隠語にあたる。仲間うちは楽しいだろうが、理解の外にいる人はあきらかに仲間外れにされている。

それに主人とご常連、またおなじみさん同士のやりとりは、一切の説明なしに固有名詞で始まったり、人をいうのに「イマちゃん」とか「安べエ」とかの略称が使われ、ここでもやりとり全体が隠語的雰囲気をおびてくる。それはらち外の客に疎外感を与え、次なる訪れの障害になる。思っちょる的やりとりは、刺身のツマのような色どりの範囲にとどめるべきではあるまいか。

たとえ店の賑わい役であるとしても、グズグズすわりこむのはつつしむべきだろう。そんな人はきっとビール瓶の基底部三センチのビールと向き合っていて、煮込みを茶碗の底に保持していたり、揚げ豆腐のカケラをのこしていたりする。フトコロに加えてお料理分散の対策をこうじている。

ビールはグッと飲む飲み物であって、コップを飲みほすからうまいのだし、天プラは揚げ立てが一番おいしい。それをおしるにつけたまま放置しているとすると、材料の鮮度や、油の加減を心がけてきた主人の苦労はどうなるか。注文したからには、出るそばからいそいそと食べ終わる。それがあるじへの礼儀である。いつまでもグズグズと、それも上司の悪口などを言いつつすわっている人は、たとえ三日にあげずやってきても大切なおなじみさんでも何でもなく、ひそかに毛虫のごとく嫌われているかもしれないだろう。

新顔が常連クラスを尊んで席をきめるように、常連は新人を立てるぐあいに居場所を選定すべきだし、主人と新顔の対応を見て、順調もしくは順調以上と見てとれば、そっと姿を消して場をそっくりゆずるほどがいい。主人にもその気づかいがピンときて、心に刻むところとなり、おなじみさんの株がまたグンと上がるものだ。

蛇足ながら隠語のことでつけ加えると、ときおり生姜のことをガリと言ったり、醬油のことをムラサキと言ったり、ご飯を言うのに「シャリをもらおうか」などとヘンな言葉を使う人がいるものだ。鮨屋《すしや》仲間の隠語であったものを通ぶった人が使い、それが居酒屋にまで流れてきたケースだが、つまらない応用である。ちゃんとした主人ならこっけいに思うだろう。

何であれ半可通はイヤ味なものだが、居酒屋で通ぶるとこっけいさ加減が倍になる。

池波正太郎が食べ物のエッセイに書いている。京都だったそうだが、冬の日の昼下がりに鮨屋で酒を飲んでいたところ、つつましやかな老女がひとり入ってきて、マグロ二つと玉子を二つ注文した。あるじはていねいに鮨をにぎり、さもおいしそうに食べる老女を、目を細めて見守っていた。そして勘定を払った老女が、ここは値がはるがおいしいといって帰っていくのを見送っている。「いつも来る客?」とたずねたところ、あるじはうれしそうに「年に二度ほど」とこたえた。

本当のことか、それとも小説めかしたエピソードなのか、そんなことはかまわない。老女のような食べ上手になりたいし、こんな主人の店に行き合いたい。なじみ客が甘ったれると店は堕落する。あるべきは食べ上手、引きどき上手であって、そしてフトコロがうるおっていれば、きちんと主人にお裾分《すそわ》けをする。

酒のサカナ

すでに述べたように、居酒屋はおおかたカウンターと四人卓が二つばかりか、小上がりがあったりなかったりのつくりである。カウンターは十人すわればいいほうで、それが満席なんてことはめったにない。

とくにいちばん奥はよく空いている。壁に接していて、窮屈な感じがするせいだろう。店の人も強いてすすめない。どうかすると荷物置き場にあてられていて、椅子の上にカバンやコートがつまれていたりする。

たしかにいささか窮屈である。壁にカレンダーが下がっていて、上が神棚になっており、招き猫やダルマさんがのっている。すぐうしろがトイレの入口で、背中でドアが開いたり閉まったり。店の人がすすめないのも、もっともである。

だが、店の死角といった位置にあって、これはこれで捨てがたい利点があるものだ。とりわけひとりの場合だが、ほかの人の邪魔にならずにいられる。グループの人はすぐわきに見知らぬ顔があると、うさんくさげにチラチラ目をやったりするが、荷物置き場の人なら、ほとんど視野に入らない。また店の主人にとって、自分の分《ぶ》をこころえたようにめだたぬ隅を選んでくれる客は、うれしい心くばりというものだ。いや、そんなこと以上に奥の死角には積極的なメリットがある。客をサカナにして酒を飲むことができるのだ。

めだたない隅であっても、そこからは店内がそっくり見える。壁が反響板になって声もよく聴こえる。上に神棚があるのは偶然ではないだろう。同じ客のひとりであって、同時にこの身は神サマの代理人を兼ねている。

カウンターのまん中の二人づれ。一方は赤ら顔で、腹が出ていて、お尻が大きい。もう一方は痩せぎす、なで肩で、なんとなく貧相である。話のぐあいから、中小企業の役職クラスで、尻の大きいのは団地の住人、痩せぎすは二十数年前に手に入れた建て売りを、昨年、同居の母親用に改築した。

四人卓に椅子ひとつたしてもらった五人組は大手製薬会社の子会社の中堅クラス。目下、親会社の厄介な注文に手を焼いている。上司は大阪から移ってきたばかりで、「やってられませんナ」といった関西弁がまじりこむ。

小上がりはワケありげな男女二人づれで、ひそひそ声だが、洩れ聞こえたところによると、「泊った夜」が問題になっていて、女性によれば、その夜は霧雨が降っていたが、男はそんなはずはないという。男はトラックで宅配にまわっている。配達の手違いが機縁になって知り合ったらしいのだ。

神棚の位置にいると、居酒屋に特有の客筋といったものがそれとなくわかってくる。レストランやファミレスではまずもって見かけないだろうし、料亭やビヤホールや小料理屋の客ともちがう。あきらかに居酒屋が似合っていて、当人もそのことをこころえており、レストランやファミレスには寄りつかず、料亭、小料理屋はお呼びでなく、誘われるとビヤホールに同行しても、ジョッキを握る手つきが場ちがいで、どこか浮き足立っている。それが居酒屋の椅子に腰を据えるやいなや、心身ともに落ち着いたぐあいで、おしぼりの扱い方ひとつがピタリとさまになっている。

あきらかに出世街道まっしぐらといった人ではなく、会社きってのキレ者でもなく、派閥をつくってポストを画策する黒幕でもない。居酒屋種族はこの世に出てきて以来、それなりに懸命に生きてきた。嵐に直面すると男々《おお》しく戦ったりせず、そっとうつむいて、ひたすら通り過ぎるのを待っていた。何ごとにもいたって懐疑的で、とんとん拍子にことが進んでいると、「いつまでもつづくわけがない」と考えて、いい気になるなと自分に言ってきかせる。そのくせひとりになるとニヤニヤ笑いがこぼれ出る。

わりと太い神経の持主だが、しかし、状況しだいで詩人のように繊細になる。トイレに向かうときは、店とトイレの構造を即座に見てとって音量に気をつかい、チョロチョロと音を殺して用をたし、まかりまちがってもオナラを洩らしたりしないだろう。いちど有名な料亭のトイレで体験したのだが、大会社重役組は離れ式をいいことに音高く放尿して、傍若無人に放屁《ほうひ》する。かたわらにいて、居酒屋人種のつましい心ばえをあらためて痛感した。

たとえ思案げに腕組みしていても、居酒屋人間はとりたてて何を考えているのでもない。仕事仲間に「君も何やかやあるねェ」と同情されたので、その流れからも思案げに腕組みしてみたまでである。そうしているのが相手の気持に応えており、自分でもラクだからそうしているまでだが、しかし、ときとして心に痛みを感じるときがある。すると、呟きのようなセリフが洩れる。

「ぼく、何も考えないことにしてましてネ」

脳天がはげ上がり、両ビンが白いからといって、酔いがまわった目元が赤いからといって、寸づまりの鼻の持主だからといって、のびたヒゲに白いものがまじった中年男だからといって、人間存在の孤独と無関係ではないのである。

五人組のまん中にいる大手製薬会社子会社の課長は家族三人、同僚や兄弟からも幸せな家庭だと思われている。「課長はいいなァ」と、先ほども部下に羨《うらや》まれた。しかし神サマの代理人はちゃんと見てとっている。実のところはおもしろくもおかしくもない毎日なのだ。妻に一抹の情はあっても、もう惚れてもいないし愛してもいない。出勤のとき頼んでおいたことを、妻はすっかり忘れていた。立腹したりすると大ごとだ。つまらんことにこだわる人だと冷笑まじりに言われるだろう。腹立ちをおさえ、なぜか急にひとりで、見たこともない町に行きたいと思ったりするのである。

居酒屋人種はみな、しっかりした自分の考えを持っている。出来合いの意見や、借り物の見方を口にしても、それはその場の必要に応じたまでであって、口ではどうあれ腹の底はお愛想にすら同意していない。学者からは「一般大衆」だの「庶民」だのと十把一からげにいわれるが、この世で暮らしていくには沢山の知恵がいるのだ。それは体験のつみかさねから生まれ、くり返し修正され、いつしか身についた知恵であって、だから大半が瞬間の勘として発揮され、よほど注意していないと見落としてしまうだろう。

小路を入ったとっかかりのなじみの店のひとつ。ママは四十五、六の小肥りで、おっとりしていて品がいい。いつも着物の上にうわっぱりをはおっている。手つだいの「ナナちゃん」は遠縁にあたる娘だそうな。鍋物が得意で、湯豆腐ひとつにも薬味やダシ昆布、醬油を吟味していて、手料理の匂いがガラス戸にも鴨居にもしみついている。

そんな店でなじみ客がひとつの鍋を三人で囲んでいるとき、人間の類型といったものが湯気を通してうかがえるものである。仮に三つに分けると、およそこんなぐあいだ。

A　備蓄型

B　放任型

C　イラチ型

備蓄型はタネの追加のつど、鍋のうちの自分の領分とおぼしきところに一品選りにより出しておくタイプである。わがモノとの意思表示をはっきりさせて、それからやおら箸をとりあげる。

放任型は領分もタネも頓着せずに煮えて立つところに手をのばす人で、おのずと備蓄型にはおもしろくない。侵入のけはいがあると、小ぜわしく防御につとめ、火のように熱いのを頬ばったりする。

「アチ、アチ、アチ——」

とりわけ酒のサカナにピッタリなのはCのイラチ型である。土鍋のあらかたが食べつくされ、ダシ昆布の上に豆腐が一切れだけのこっているというケース。

「うーむ」

C型はこんなことが気になってならない人である。食べるなら全部食べてほしい。一切れだけのこっているのが理不尽というものだ。備蓄型の領分であるかもしれず、うかつに手を出せないが、しかし早くどうかしてほしい。のこり少ないだし汁がコトコト煮え立ち、湯玉で豆腐ののった昆布がもち上げられているではないか。放任型はコックリコックリ船をこぎ出して、体が左右にゆれている。

「かなんナー、どうにかしろヨ」

ひとりでジリジリしている。ママさんが状況を見てとって、ナナちゃんに合図をした。イラチ型は自分のイライラを見せまいとして、やおらノンビリとかまえ、急にタコの講釈をはじめた。やわらかく煮たのはよろしくない。

「イボイボがプリッとして、固くなったぐあいが上々です」

ナナちゃんがガスをとめて鍋の処置にとりかかった。一切れのこった豆腐をおたまですくい、ちょっと思案してから備蓄型のお椀《わん》に入れた。半ねむりの放任型は見やるだけにして、イラチ型には底にへばりついていたこんにゃくの一切れを配付。三者三様に収めていく。

「こんにゃく、お好きでしょ」

「総じてニュルリとしたものは旨いものです」

つい先ほど眉間《みけん》に縦ジワができるほどイラついていた人が、打ってかわって軽口になる。

「豆腐、こんにゃく、山いも、もうひとつほかにも下半身にあるような気がしますねェ」

イボつきで、口に含むとプリッとして固くなる——。

「まあエッチ!」

ナナちゃんがケラケラ笑った。居酒屋人種の特性だが、腹立ちから上機嫌へのうつりゆきが早く、間の悪いシーンになりそうだと、ペラペラとよくしゃべる。ついで急に生理的要求を思い出したように席を立ってトイレに向かう途上にさりげなく手まねでお勘定を指示。居酒屋の小さな天地にあって、確固とした生活者の眼差しにふと出くわすのは、この上なく味わい深い酒のサカナというものだ。

V　そろそろ看板

影法師のキャリア

おりおり問われる。

「ドイツにも居酒屋はありますか？」

「もちろん、あります」

同じ人間という生き物であって、自宅以外で気軽に食べたり飲んだりしたがる点でも、まるきり同じ。となれば居酒屋的シセツがあって当然である。海外旅行のガイドブックなどには出ていないだけのこと。

自分のごくかぎられた体験でも、ドイツにかぎらずイタリアでもフランスでも居酒屋に立ち寄った。チェコでもハンガリーでもオランダでもロシアでも呑み助の集まる店で味見をした。地球をくまなくめぐったようなアルコール好きなら、世界中の居酒屋を知っているにちがいない。

ガイドブックに出ていないのに、どうやって見つけるか？　それもいかにして、いい店に行きつくのか？　ごく簡単である。町の中央部、官庁や銀行や商工会館などの立ち並ぶあたりの夕暮れどき、かの地の人は残業といった特別奉仕をイヤがる。だから業務の終了時刻とおぼしいころに勤め帰りを待ち受けている。背すじをのばして、一人でトットと歩いていくのは用がない。二、三人づれ。ネクタイをゆるめかげんにして、にこやかに言葉を交わし合っている。日本の居酒屋に通い慣れた人なら、ひと目で寄り道組の識別がつくものだ。表情なり、しぐさなり、笑い声なり、足どりなりが歴然と、これから自分たちだけのたのしみの場に向かうことを告げている。妻にも上司にも隣人にも牧師にも見せない、特有の顔。

立ちどまって相談するような雲行きのケースはパスしよう。暗黙のうちに足が進んでいくといったのが狙い目である。おなじみ客の通う店にハズレはないと思っていい。だからうしろについていく。三つ星レストランの並ぶような明るい通りをあとにして、一つ二つと路地裏に入っていく。細目の道がうねっていて、石畳がすりへりかげんで黒ずみ、両側の壁もいぶしたように黒々としていると、しめたものだ。やにわに姿が消えたりするが、ドアが少し奥まっていたり、地下にあったりするからである。

チェコのプラハでは「虎」という店で、わが国の阪神タイガースファンとそっくりなのが、テレビのサッカーをながめながら飲んでいた。得点が入るといっせいに声が上がり、テレビに投げキッスを送るのもいた。

ハンガリーのブダペストでは「象」という店だった。定刻になると主人が挨拶にまわる習慣らしく、一度かぎりの対面ながら顎《あご》が角ばっていて、全身がいかつい感じは見てとった。日本の居酒屋にも多いタイプで、少なくとも三つ星レストランとはあきらかに異質である。オランダのアムステルダムでは、父の代にインドネシアからやってきたという人の店で、薄いせんべいのようなものをボリボリやりながらワインを飲んだ。

ロシアの飛び地のカリーニングラードでは居酒屋とビヤホールが合体したような店だった。細長い地下室のまん中がなぜかくびれて狭くなっており、そこだけカウンター式で金髪の中年美女が支配人兼勘定方をつとめていた。飲みながらチェスを指しているのもいて、盤台将棋と同じように何人もがまわりからのぞきこんでいる。何を飲み食いしたのかはもう思い出せないが、手洗いに立ったもどりにくびれたところを通るとき、常連客とおぼしい肥っちょが狭いところで体をななめにしつつ、右手で中年美女のゆたかなお尻を撫でて行くのはきちんと見ていた。金髪は委細かまわず業務をつづけている。

店に行きつく方法はさきほど述べたとおりである。どこであれ、こちらの顔を見るなり、男女を問わず給仕の人が「おや」という顔をした。ふつう旅行者のくる店ではないからである。こちらもこころえていて、祖国の居酒屋の作法どおり、常連さんの目ざわりにならぬよう、そっと片隅に腰を下ろした。行きずりの客の作法というもので、プロはすぐに察知して、寛容の目で見てくれる。

メニューを開いても判断がつかないので、さしあたりビールをもらい、飲みながらまわりのなじみ客のテーブルにのっている料理を観察し、比較的とりつきやすそうなのを注文した。飲み物も同じで、グラスの大小、飲み手の手なれぐあいを参考にする。寄り道のベテランは、もとより店のとっておきをこころえているものである。

どの場合も好奇心から訪れたまでで、おすすめしているわけではない。居酒屋がレストランではないように、居酒屋の食べ物、飲み物はレストランのものとはちがっている。同じ材料のチーズやソーセージにしても、居酒屋ではやたらに辛かったり、苦かったり、ビールが味づけに仕込んであったり、風土が生んだ呑み助の舌に合わせてあって、行きずりがたのしめる味はめったにない。旅行者用のレストランで食べるのが無難でもあり、またうんとうまい。

アルコール類にしても、やたらに強いのを湯や水やビールで割ったのが出てくる。これも風土なり気質なりと不可分であって、飲み慣れぬものは当然のことながら舌がイヤがり、喉が拒み、胃壁が受けつけず、ホテルにもどってモドしたりする。

居酒屋はその国、その土地固有の食べ物文化、飲み物の伝統と強く結びついている。それが証拠にこれだけグローバル化したというのに、日本の居酒屋に青い目の呑み助や、チャンさん、キムさんの仲間はまずもって見かけない。

ときおり接待の流れらしく、外国人を居酒屋につれてきて、英語で説明しつつ料理や酒をすすめているのを見かけるが、招かれたほうこそお気の毒だ。にこやかに相槌をうち、不器用な箸づかいで口に入れ、おいしい旨を答えても、あきらかに目を白黒させている。舌がイヤがり、喉が拒み、胃袋がケイレンを起こしかけている。食べ慣れない人にはまぐろの赤身は気味悪いだけなのだ。山椒味噌焼はヘンな匂いのえたいの知れぬもの、ナスの辛子漬を口に入れても、接待役のおとうさんのようにシコシコ嚙むまでにいたらない。

落花生の塩ゆで、ふかしじゃが酒盗あえ、松茸と菊菜のポン酢びたし、サンマ甘辛煮——

この手の「肴小鉢」は板場の仕切りに染め出された優雅な文字と同様に、古くからの日本人の食文化につらなっている。

季節物は通常、白い紙に手書きで掲示される。

紀州　めばち鮪《まぐろ》
長崎　小アワビ
愛媛　生ウニ
気仙沼《けせんぬま》　戻り鰹《がつお》

簡明に産地を明示したかのようだが、居酒屋は魚市場ではないのである。むしろアタマに産地がつくと気分的にもグンと味が深まり、価格を高めるための効用をになっている。そしてこの種の言語的馳走法そのものが、日本的食文化の伝統から生まれた香《かぐわ》しい花ともいえるのだ。

「いつもどうも」

おやじが鉢巻を取って礼をいう。おかみさんが引き戸をひらき、のれんをもち上げてお見送り。そののれんをくぐって二時間あまり、日ごろわだかまっていた喜怒哀楽をフルイにかけ、ほどよくふくれた腹部をさすりながら帰路につく。財布にさほどの負担をかけなくても、居酒屋ならではの丁重なお見送りにあずかれる。

前後左右を同輩がゾロゾロと歩いている。よろけがちや、ひとりごと組もいていろいろながら、街灯の下にくると誰もが同じ黒い影を足元に投げかけ、当人もまた一つの黒い影法師だ。なるたけその影を踏みつけないよう、少しへだたりをとって同じ駅へのコースをたどるわけだが、小路をこまかく横に割って路地が走り、小店がひしめいていようとも迷ったりしないし、ちゃんと最短のコースをとっている。

角のおでん屋のママさんがのれんをしまいこんでいる。着物の上にはおっている白い上っぱりも、おっとりした顔つきもいつもどおりだが、のれんをしまいこんでいるとき、まるで別人のように見えるのはどうしてだろう？　見てはいけないところを目にしたような気がして、なるたけ相手の目にとまらないようにうつむいて無事通過。

あるときママさんが、おつゆの冷えたのを出してくれた。べつにヘマをして冷やしてしまったのではなく、おつゆの冷えたのは酒の味を更新してくれるからだ。

「一つがおいしいと、ほかもだいたいおいしいものですョ」

含蓄のある言い方で店の見分け方を伝授してくれた。ママさんの店に通ってくる客はみんなとても親切で、奥の席で帰る人がいると、皆がいっせいに立ってくれる。しばらくごぶさたしたが、この次はおでんにしよう。帰途にあって次回のスケジュールを思案するのも、居酒屋好きのたのしみの一つである。

すぐ前の影法師のポケットから競馬新聞がのぞいていて、そのせいか馬肉を食べたのを思い出した。上等が入ったと聞いて、久しぶりに馬刺しをご指名。生姜がすりこんである甘味の強い醬油を、ちょいとつけて舌にのせる。さっぱりした味で、マグロのトロの上をいって、うんと安い。

「店で食べるから旨いんだよネ」

何の気なしに言ったまでだが、考えると真理をついているような気がする。自宅でひとりで馬肉を食べるのは、やはりカナシイことではあるまいか。どうしてそうなのかはわからないが、アルコールの英知に照らして真理にちがいないような気がする。

古手の飲み仲間は別れぎわがいいものだ。「じゃあ」といって片手を上げ、うなずき合って、それでおしまい。影法師同士は、うしろ姿を見やってはいけない。

居酒屋通いがたのしいのも、日ごろのつましい暮らしがあるからである。健全な胃袋とともに健全な精神の持主のみが、この道のキャリアを誇ることができる。

酔っぱらい対処法

料亭といったところでお酒を飲んでも、ちっとも酔わない。居酒屋とくらべて料亭体験がはなはだ少ないのでたしかなことは言えないが、少なくとも酔ったという記憶がない。おいしくいただいたという記憶もない。

すべて招かれて出かけたまでで身銭を切ったことがなく、だからくわしいことは言えないが、けっこうなお値段だったにちがいない。料亭はもともと酔っぱらいをつくるところではないから、酔ったためしがなくてもふしぎはないが、おいしい酒を飲んだこともないというのは、どういうことだろう？

「ハイ、どうぞ――」

きれいな女性が高そうな着物姿でついでくださる。飲むというよりも「いただく」という気分である。せっかくのご馳走を見こして、そんなときはお昼を抜いている。つい先刻まで腹の虫がうごめき、しきりに「クエー」と音を立てていた。胃袋が空っぽを訴えていた。

ところが料亭の門をくぐり、緋《ひ》の毛氈《もうせん》敷きの廊下を通って奥まった部屋に入ったとたん、なぜか腹の虫がピタリと鳴りをしずめてしまった。居酒屋的日常とはちがうことを、いち早く察知したらしいのだ。当人と同様に腹の虫までが居ずまいを正したぐあいである。

日付入りの「お献立て」がついていて、前菜は季節の口取り六種。居酒屋だと、これだけで十分に一夜の宴がまかなえそうだ。きれいな、高価そうな小皿に、ほんのちょっぴりのっている。旬の食材が季節感をあらわすように細工してあるのだろうが、料理というのは、いじりすぎると正体不明になるものだ。

「これは?」

衣かつぎの雲丹《うに》焼だとか。衣かつぎは居酒屋の好物であって、アツアツを掌《てのひら》にのせ、親指と人差し指でグイと押すとニューと中身が出てくる。それを小皿の塩におしつけて頰ばる。「キヌカツギ」といった思わせぶりな名前からも、少しばかりエロっぽい食べものだが、料亭ではコロモを剝《は》ぎとられ、へんなふうに焼いてあって、衣かつぎとも思えず、もとよりエロっぽさはみじんもない。

おとなりは作州《さくしゅう》黒豆、そのおとなりは鮟肝《あんきも》豆腐、蟹《かに》身と春菊のおひたし。居酒屋では黒豆、豆腐、おひたしと単刀直入だが、料亭では各々のあたまに何かつく。そのぶん手がかかっていて、お値段に反映されるのだろう。舌よりも目の鑑賞用に用意されたらしく、どれもほぼ似た味で、とりたててうまいものではない。

つづいて椀物。どうして早々とお汁なのか首をかしげながら、うやうやしくいただく。つづいておつくり、お凌《しの》ぎ、煮物、油物、酢の物。あいまにちゃんとお酒を飲んでいた。お銚子が上品なので、すぐに空っぽになり、お代わりがきて、またお代わりがきたが、そのつど腹部がアルコール度を検分しているぐあいで、ほんの少しの酔いを記録したきり、ピタリととまったまま微動だにしない。

料亭のコース料理の〆は、きまって香の物と季節の炊きこみご飯である。すでに腹がボーチョーぎみだが、むろんいただく。新婚のころの奥さま用のような可愛らしい茶碗にチョッピリ入っていて、モソモソと食べていると、わずかに覚えていた酔いが、みるまにひいていく。

はじめに述べたように、料亭体験がいたって少ないので断言できないが、それにしても異様な事態と言わなくてはならない。どうして料亭では、ちっとも酔わないのか？

理由はいろいろあると思うが、一つにはコース料理の宿命として、始まり、進行、終わりがはっきりしすぎているせいではあるまいか？ 炊きこみご飯と香の物、ついで水菓子が出ると、献立表にあたるまでもなくフィナーレである。あとは退出するまでの手順が待っているだけ。酒は恋愛と同じで、終わりがはっきりわかっていれば酔ったりしないものだ。

おもうに料亭の主人や女将はきわめてラクである。きちんと終わりを明示して、礼儀正しく客を送り出せる。酔っぱらいに手を焼くことがない。

居酒屋の突き出しの黒豆はあたまに「作州」などつかないが、軟かく煮てあって、いかにも黒豆である。豆腐は近くの岩田屋さんの絹ごし。きんぴらの小鉢のときもある。小物だからゆっくり食べればいいのに、居酒屋の客が口取りの段階でいやにせわしないのは、そうやって腹の虫をなだめるからだ。さもないと突き出しが呼び水になって、空腹感が一段とせり上がる。

あとはむろん、好みのままである。セリのおひたしは「蟹身と春菊のおひたし」とちがい、ちゃんとセリの味がする。もずく、なめこ、みそおでん、うるめ、つけ揚、おくら納豆、山ひじき……。お淩ぎと煮物と油物と酢物が右往左往して、前後にこんがらがっているが、たとえ順序正しくいただいても胃袋に入ればこんがらがっているわけだから、いそいそと胃袋の手助けをしてやっているようなものである。

そのせいか全身がホコホコして、お酒のまわりがいい。五臓六腑《ごぞうろっぷ》を駆けめぐる感じである。そのうち目がトロンとしてくる。あとは人によってちがうだろう。仮に三つばかりに酔いのプロセスをまとめると、まあ、こんなぐあいだ。

1　首を振ったり、上半身をゆらめかしたりする。

2　舌がもつれてロレツがまわらなくなる。

3　手の容器をおっことす。

まごうかたない酔っぱらい。お酒の唯一の欠点は酔うということである。当人にとっては必ずしも欠点というのではないが、他人にとってはそうであって、酔った客がいつまでもすわっている。フィナーレの時間がきても、いっこうに腰を上げないのみか、当人はまだ飲むつもりのようだ。酔っているにもかかわらず、自分では酔っているつもりはなく、むしろまだ飲みたりない気がしてならず、空っぽのお銚子をつまみ上げ、呼び鈴のように振ったりしている。

こんなとき、店はいくつか対処の仕方をもっている。

A　のれんを取りこむ。

B　主人は調理場の掃除、おかみさんはレジの検分にかかる。

C　カンバンである旨を通告する。

それぞれ理にかなっており、当然のやり方である。のれんが外ではなく店の内側に下がると、客は急に寂寥感《せきりょうかん》を覚えるが、それは無視できる。調理場の掃除やレジの検分は、ながめていてけっこう楽しいもので、毎日くり返される作業のリズムがお酒のあてがわりになってくれる。ではカンバンの通告に異議を申し立てると、主人はどう答えるか？

「お客さん、もう十分に酔っぱらってますよ――」

つねづね思っているのだが、酔っぱらいを「酔っぱらい」と言うのは、酒を商うプロとして失格ではなかろうか。酔っぱらいに、「酔っぱらい」と言わずに酔っぱらっていることをわからせてこそ、居酒屋の主人なのではあるまいか。もとより手の容器をおっことす事態になれば、さすがに相手も気づくのだが、当人だっておっことして割るようなことは避けたいのだ。ロレツがまわらなくなると、すでに手遅れのケースが多いので、首を振ったり、上半身をゆらめかしている段階で、酔っぱらいであること、腰を上げる潮どきであることを主人側はわからせるべきではないだろうか。

なるほど、客と主人に認識の相違がある。客のほうは首を振ったり、上半身をゆらめかすのは酔っぱらいのしるしとは思わない。自分ではしゃんとしており平常どおりである。ただ単に首が勝手に振れたり、上半身がひとりでに右や左にかしぐだけのこと。ロレツだってちゃんとしている。舌がもつれるのは、ふだんでもよくあることなのだ。

呑ん兵衛、大酒くらい、酔いつぶれ、グデングデン、千鳥足……直接的表現なら、いくらもある。それぞれの言葉が原寸大で当の人物の状況と対応しており、酔っぱらいは酒を飲んだというよりもくらったぐあいだし、半分かた人格がつぶれかけている。足はもとよりフラフラの千鳥足だ。グデングデンとは意味不明の日本語だが、たしかにグデングデンとしか言いようがなく、すでに名前も失って「呑ん兵衛」殿に収まっている。

しかし、やはり原寸大で名ざしするのは、客に対して申しわけないというものだ。レッキとした居酒屋の主人なら、面と向かってカンバンの時刻を通告したりせず、それに先立って、やさしく、にこやかな笑顔とともに伝えるべきなのだ。日本の酒文化にかけても、酔っぱらいを「酔っぱらい」と言わずに酔っぱらいという言い方を、いくつかこころえていてもいいだろう。

わが居酒屋開眼のきっかけになり、ずいぶんとお世話になった居酒屋の老夫婦は、その点、みごとに対処していた。

「後光《ごこう》がさしてますね」

「今夜はいいことをどっさりなさいました」

「お銚子の底をのぞいてましたヨ」

「太閤《たいこう》さまの目つきです」

「風を受けてお船の走りがよろしいようで」

もう十分に酔っているから、みこしを上げて退散しろということ。にこやかな顔で、じっとこちらを見つめながら言った。いまとなっては、あの言い方、あの眼差しが懐かしい。あわてて腰を上げると、何ごともなかったようにソロバンをはじき、送り出しにあたっては、ちょっとした一語をつけ加えた。

わが人生の大先輩は、「お相手をするのがつらくなった」のひとこととともに廃業したが、実のところは、酔っぱらいを「酔っぱらい」と言わずに伝える語法がさっぱり通じなくなって、あいそをつかしてのことだったのではなかろうか。

退けどきを考える

居酒屋の退《ひ》けどき、引き上げどきである。十分飲んだし、あれこれいただいて腹も一杯。気持よくおしゃべりをして、胸のつかえもとれたぐあいだ。そろそろ腰を上げるとしよう。

ごくふつうのことのようだが、居酒屋ではこれがけっこう難しい。誰がみても退けどきがきているというのに、当人だけそうではないといったケースが多いのだ。上半身は帰り支度でも下半身が了解していなくて、そのため上げかけた腰がまた落ちる。

料理屋のコース物だと話は簡単である。先付け、刺身、焼き物、天ぷら、一通り出つくしたあとは、ご飯にお新香、デザートの水菓子。それがフィナーレを告げるラッパの音であって、つぎは腹部の重みを感じながら立ち上がるばかり。コース物のメニューには、目には見えないにせよ退出の作法もしるされている。

同じ居酒屋でもグループの場合なら、さして問題はない。予算に応じて出るべきものが出て、多少の追加があってのち、幹事役が立ち上がる。「宴たけなわではありますが……」。実際に宴たけなわであろうとなかろうと、終了の告知がされる。異議を申し立てても受け入れられる余地はない。告知はすなわち予算を使いきったサインであって、異議を唱えたければ身銭を切るしかないのである。

ひとり酒の居酒屋、親しい何人かで勘定もちよりの居酒屋、この場合の退けどきが難しい。通常は一品物をア・ラ・カルト式に選んできた。てんでんばらばらのようでいて、それなりにコース物に似た秩序をとっているもので、はじめから天ぷらや焼き物ではなく、まずは先付け風の生ウニとかモズクを注文、ついでお店の名物のあつあつ揚げしんじょうなどをいただいた。そのあとはコース物のように整然とはしていないにせよ、サワラの西京焼とか茶碗むしとかがまじりこんだ。野菜っけがないのに気づいて野菜の天ぷらを追加。ためしに書き出して多少の入れ替えをすれば、名の知れた料理屋のメニューになる。値は段ちがいに安い。

おのずと仕上げの一品となり、一口ソバ、あるいはソーメン、親父自慢のワッパ飯、おかみさんの工夫になる梅肉を炊きこんだ淡いピンク色の梅ごはん。さわやかな味わいを熱い渋茶が、なおのこと引き立たせる。あとは「ごちそうさま」の声とともに「お勘定」の手つき。

ところがコト居酒屋に関するかぎり、これがすんなりとはいかないのだ。その場合、当然のことながら三つのケースに分かれるだろう。

A　順当に退出する。
B　グズグズする。
C　追加注文する。

Aの場合、こまかくいうと、Aそのもの、多少のBがはさまったA、何人かがA・Bに分かれてのちAに統一など、いくつかヴァリエーションがあるが、それは居酒屋につきものの陰影であって、店としては陰影があるほうがよろこばしいことなのだ。だから多少Bがはさまったり、A・B分裂が統一に及ぶ過程を、にこやかに見守ってくれる。

Bのグズグズは A に入る多少のグズグズとは別もので、つねに言葉がともなっている。

「先ほどの話だけど……」。

やにわに話題をむし返す。店の人には「先ほど」がどの先ほどかわからないのでキョトンとしている。もともと右から左に受け流していただけなので見当もつかないが、へたに応じるとヤバイことは即座にわかる。くり返しになると、きっと話のテンポがずっと遅く、言い方にめりはりが欠け、ひとり言に似ていて、もとより応じるべき手合いではない。そもそもお新香や渋茶が終わってから「先ほどの話」をもち出すのは、三振したあともホームベースにへばりついているバッターと同じで、愚かなわからず屋というしかない。

あとの処置は店により、また時刻や曜日、さらに主人の気分によってもまちまちだが、ルール違反者がにこやかに送り出されるわけでないという点で共通している。

さてCであるが、これはいたって難解である。ふつうに考えればBの延長ないし延命策としてのCだろう。グズグズいつまでも席にいるわけにいかない。キャバレーのことはよく知らないが、「延長」という手続きがあって、おたのしみの権利がのびるようだ。手続きといっても書類にサインしたりするのではなく、パートナーとのひとことですむらしい。居酒屋の場合は追加の注文というかたちで延長が承認される。

それだけならば難解なことはない。すべてが順当にすすみ、あとは作法どおりのフィナーレとなるはずのときに、なぜか突然、「シシャモ」が出てくる。急に気づいたというふうに

「生麩あるの？ いただくか」などと声がかかる。あきらかにアルコール満タンなのに「お銚子、おかわり」のケースもある。

たいてい微妙な時間帯なのだ。閉店時刻のほんの少し前。店の雰囲気では、すでに定刻であって、あとかたづけもはじまり、のれんをそろそろ取りこむかというときである。ともあれ雰囲気はけはいだけであって、のれんはまだ出ており、閉店時刻にもかかっていない。それ自体、追加注文になんら支障はないだろう。

しかしながら、やはり歴然としたルール違反なのだ。店のけはいを嗅ぎとれないのは居酒屋失格である。皿や鉢を洗う水音が聞こえないのは店に居つづける資格がない。たとえのれんが外にかかっていても、横手の提灯は消されていないか。そのせいで入口あたりが薄暗くなっているのが見えないとしたら、居酒屋の阿呆というものだ。

ところが客その人は、阿呆でも無資格者でも居酒屋失格者でもない。店の準常連といった格で、飲み食いに一家言あり、つねづね正しく振る舞って、申し分のない客なのだ――ときおり、不意に追加注文さえしなければ。

なぜわざわざシシャモにもどるのか？　生麩は開店以来、メニューのおなじみであって、どうしていまになって気づくのか？　顔の赤らみ、舌のもつれ、全身のしなだれぐあいからして、もう胃袋は何一つ受けつけないと思われるのに、どうして追加に踏みきるのか？　本日の商品に何か不満でもあって、こらしめをこめてのことか？　酩酊《めいてい》の度がほんの少し過ぎていて、退けどきのタイミングがとれないのか？　家庭に何か帰りたくない理由があって、少しでも帰宅時間の引きのばしをはかっているのか？

さまざまな疑惑が当主やおかみさんの脳裏をかけめぐる。まだ時間内であれば断わる理由がないし、準レギュラーを粗末にできないのは当然のこと。アブラ物などの手のかかるものならともかく、シシャモ、生麸の類なら応じて一向にかまわない。ともあれ引退しそこねた長老のように、敬意がいちどに低下することはいうまでもない。

実をいうと、難解なのはこういったことではないのである。注文した当人にも、なぜこのまぎわに追加を言ったのかわからない。酔っぱらってのことではなく、食べ足りないのでもなく、もとよりイヤガラセなどではなく、心身ともに満足して、気持よく腰を上げ、帰宅の途につくつもりだった。家庭に帰りたくないわけもなく、グズグズ居つづける理由は一つもない。むしろ当人はつね日頃より、グズグズ居つづける客に非難の目を向けていた。コトが終わったあとに追加を注文するなど、酒呑みの風上にも置けないのだ。

それがなぜ、いま、このときに、「シシャモ」などと言ったのか？　どうして好きでもない生麩を注文するのだろう？　退けぎわを誤ってはならないのは、女性関係とともに居酒屋も同じこと。未練を出すとろくなことはないという体験も十分につんでいる。他人には疑惑をかき立て、当人すら理解に苦しむ「追加注文」の一つをとっても、わかるのではあるまいか。居酒屋は単なる酒どころではないだろう。意味深い人間発見の場であって、ここではしばしば自他ともに不可解な言動が生じてくる。

二つの目の一つは時計の針を見て、もう一つの目はきちんと店内の動きを見ていた。にもかかわらずおよそ不合理な行動に出る。別れ方にはつねに二つあって、短い別離と長い別離があり、恋愛渦中の男女を除き、長い別離は不粋で、よけいなことで、双方の心を冷やすだけ。そのこともよく承知しているのに、居酒屋の退けどきに及んで、ぶざまきわまる長い別離に打って出るのはどうしてだろう？

この手の不可解な客は十中八九が、つづいて思い出話をするものだ。初めてこの店にきたときのことをしゃべり出す。主人はまるで覚えていないが、店にかかわることであれば、それなりに中身に入って対応する。客と主人の初対面のシーンは大同小異なので、やりとりに齟齬《そご》をきたすことはない。かたわらでおかみさんが曖昧《あいまい》に相槌を打っている。

思い出話がまさに佳境に入りかけたころ、運命の時が訪れる。閉店時刻、それも十分ばかりオーバーした。

「組合がうるさいものですから」

のれんがそそくさと取りこまれ、主人が白い割烹着をぬぎ、おかみさんがレジに立つ。

「どうも、どうも」

意味不明の言葉とともに客は財布を取り出す。自分の不可解な行動の埋め合わせをはかってか、去りぎわに気のきいたひとことを置き土産にしたがるもので、勘定がすんでもまだ佇んでいる。

「ホラ、あのよく言うじゃない、酒ってものは――」

店はべつに置き土産など願わない。さっさと目の前から消えてくれさえすればいい。「酒ってものは――」

いい言葉が浮かばないが、むろん、それでいいのである。

あとがき

わが町の駅前ちかくに行きつけの喫茶店がある。さらにヤキトリ屋、ソバ屋、大衆割烹、イタめし屋。ひそかに「五人ばやし」と名づけている。暮らしをイロどってくれるおはやし衆だ。

まずコーヒーを飲む。酒屋やＣＤショップや書店に立ちより、それからヤキトリ屋。べつの日はソバ屋もしくは大衆割烹。ワインが飲みたいときはイタめし屋。ときどき気分なり懐ぐあいなりで変化がある。

神田神保町《かんだじんぼうちょう》に出ると、きっと寄っていく古本屋がある。そのあと界隈のソバ屋。あるいはビヤホールないし赤提灯。

銀座に一軒銭湯があって、ときどきのれんをくぐっていく。それからビヤホール。あるいはおでん屋かソバ屋かヤキトリ屋。身をキヨめたあとのビールは最高にうまいのだ。

旅先でもまず同じ。ホテルに入る前に近くを一巡して土地カンを身につける。お腹に相談しながら注意深く店を物色、第一候補、第二候補、念のためすべりどめの判別をつけてからホテルに入り、シャワーをあびて、やおら出かけていく。

日本全国の居酒屋は総計いかほどあるものか。浮き沈みのはげしい業界であって、十年ぶりに出向いてみると、当の店はおろか一帯が大きく変わり、巨大なスーパーがそびえていたりする。しかし居酒屋そのものが消え失せるわけではなく、べつのところに移って、新規まき直し。そのようなくり返しがあって、総計ではつねに一定の数をゆずらないのではあるまいか。

おどろくほど数多くあって、日本人にこよなく親しく、町の片隅で飲食文化の一翼をになっている。しっかりと暮らしの中に根を下ろし、独特の居酒屋世界をつくってきた。だがそれがきちんと語られることは、まずもってない。せいぜい小説や映画やテレビドラマの気のいい点景にとどまっている。工夫され、知恵をしぼった店のつくり、酒と食べ物の特色、そこに出入りする人々、そこに流れる時間、やすらぎと幸福とせつなさ……。

ひしめき合った飲み屋街に、自分のなじみの店をもつのは人生のたのしみであり、それがまた格別のランドマークになって、風狂な散歩者の道案内をしてくれる。

この『今夜もひとり居酒屋』は、「はじめに」で述べた「二合半」のご夫婦をはじめ、いろいろお世話になった居酒屋世界の人々へのささやかなご恩返しである。『中央公論』二〇〇九年一月号から二年間にわたり、「居酒屋の哲学」のタイトルで連載した。その間、読者からあれこれ情報や意見やメニューをいただいたが、基本的には自分の舌と胃袋と足が出会い、考えたことでつづっていった。連載中は『中央公論』編集部の井之上達矢さん、そして中公新書編集部の高橋真理子さんのお世話になった。おかげでとてもうれしい、小さな本ができた。

二〇一一年四月

池内 紀

初出『中央公論』二〇〇九年一月号～二〇一〇年十二月号

池内 紀（いけうち・おさむ）

1940年（昭和15年），兵庫県姫路市生まれ．ドイツ文学者，エッセイスト．2019年8月逝去．
著訳書『海山のあいだ』
『見知らぬオトカム　辻まことの肖像』
『消えた国 追われた人々　東プロシアの旅』
『ことばの哲学　関口存男のこと』
『恩地孝四郎　一つの伝記』
ゲーテ『ファウスト』
『カフカ・コレクション』（全8巻）
ほか

今夜《こんや》もひとり居酒屋《いざかや》
中公新書 2118

2011年6月25日初版
2019年12月20日3版

著　者　池内　紀
発行者　松田陽三

本文印刷　三晃印刷
カバー印刷　大熊整美堂
製　本　小泉製本

発行所　中央公論新社
〒100-8152
東京都千代田区大手町 1-7-1
電話　販売 03-5299-1730
　　　編集 03-5299-1830
URL http://www.chuko.co.jp/

Published by CHUOKORON-SHINSHA, INC.
Printed in Japan　ISBN978-4-12-102118-2 C1226

中公新書刊行のことば

いまからちょうど五世紀まえ、グーテンベルクが近代印刷術を発明したとき、書物の大量生産は潜在的可能性を獲得し、いまからちょうど一世紀まえ、世界のおもな文明国で義務教育制度が採用されたとき、書物の大量需要の潜在性が形成された。この二つの潜在性がはげしく現実化したのが現代である。

いまや、書物によって視野を拡大し、変りゆく世界に豊かに対応しようとする強い要求を私たちは抑えることができない。この要求にこたえる義務を、今日の書物は背負っている。だが、その義務は、たんに専門的知識の通俗化をはかることによって果たされるものでもなく、通俗的好奇心にうったえて、いたずらに発行部数の巨大さを誇ることによって果たされるものでもない。現代を真摯に生きようとする読者に、真に知るに価いする知識だけを選びだして提供すること、これが中公新書の最大の目標である。

私たちは、知識として錯覚しているものによってしばしば動かされ、裏切られる。私たちは、作為によってあたえられた知識のうえに生きることがあまりに多く、ゆるぎない事実を通して思索することがあまりにすくない。中公新書が、その一貫した特色として自らに課すものは、この事実のみの持つ無条件の説得力を発揮させることである。現代にあらたな意味を投げかけるべく待機している過去の歴史的事実もまた、中公新書によって数多く発掘されるであろう。

中公新書は、現代を自らの眼で見つめようとする、逞しい知的な読者の活力となることを欲している。

一九六二年一一月

中公新書

地域・文化・紀行

t 1

285 日本人と日本文化 司馬遼太郎 ドナルド・キーン
605 絵巻物に見る日本庶民生活誌 宮本常一
201 照葉樹林文化 上山春平編
799 沖縄の歴史と文化 外間守善
2298 四国遍路 森　正人
2151 国土と日本人 大石久和
2487 カラー版 ふしぎな県境 西村まさゆき
1810 日本の庭園 進士五十八
2511 外国人が見た日本 内田宗治
1909 ル・コルビュジエを見る 越後島研一
246 マグレブ紀行 川田順造
1009 トルコのもう一つの顔 小島剛一
2169 ブルーノ・タウト 田中辰明
2032 ハプスブルク三都物語 河野純一
2183 アイルランド紀行 栩木伸明
1670 ドイツ　町から町へ 池内　紀
1742 ひとり旅は楽し 池内　紀
2023 東京ひとり散歩 池内　紀
2118 今夜もひとり居酒屋 池内　紀
2326 旅の流儀 玉村豊男
2331 カラー版 廃線紀行—もうひとつの鉄道旅 梯　久美子
2290 酒場詩人の流儀 吉田　類
2472 酒は人の上に人を造らず 吉田　類